だまされた！

「だましのプロ」の心理戦術を見抜く本

多田文明

方丈社

はじめに

なぜ、人はだまされてしまうのか。

毎日のように、息子になりすまして電話をかけるオレオレ詐欺やうまい儲け話をもちかけられて悪質商法の被害に遭ったという事件も相次ぐ。その一方で、警察が詐欺犯らを逮捕したニュースも連日流されているが、いくら彼らを逮捕しても、次々から次へと詐欺へ加担するものが出てきている状況だ。今は、詐欺・悪質商法が全盛の時代だと言ってよいであろう。

私は長きにわたり、詐欺・悪質業者への潜入取材や電話での対決をしながら、この身に日の光を浴びるように、彼らの巧みな話術や交渉術を受けてきた。最初はやさしい表情を見せながら近づくが、いったん契約を拒否するや、大声を張り上げて威圧してくる。こちらが委縮した姿を見せれば「あなたのことを真剣に思っているから怒ったのだ」と、急にやさしくなってなだめてくる。私たちの心を手玉に取りながら、金を払わせるように仕向けていく。１００万円近い契約書を前にして、このような口調で迫られてしまい「いっそのこと『契約します』と言ってしまったほうが楽なのではないか？」と正直、そう思うことさえもある。

だが、それは絶対にダメだ。

ひとたび意に反した契約をしてしまうと、その後「カモ」として狙われ、次々に勧誘がおこなわれて、取り返しのつかない高額な被害金額に膨れ上がってしまうからだ。

今日も駅頭で、「振り込め詐欺に注意しましょう！」と、警察や役所の人たち、ボランティアの人たちが声を枯らしながら、注意喚起のビラを配っている。しかしながら、いくら警告を促しても被害はなかなかなくならない。それどころか、地域によっては被害が増えているところさえある。

なぜなのか？

もちろん、詐欺の手口が絶えず巧妙化していることが大きい。だが、身を守る側にも、ある点が欠如しているのではないかと考える。それは、詐欺師の心理術を読み解いた上での〝ガードテクニック〟だ。

というのも、昨日までおこなわれていた詐欺の手口が、明日も同じようになされているとは限らないからだ。彼らの発想は狡猾で、ある手口への注意喚起や対策がうたれて金を取れなくなると、別な手立てを考えてすぐに実行してくる。それゆえ統計上、被害の数字が出て注意を促したころには、その手口は別なものに変貌している可能性がある。ゆえになかなか被害は減らない。つまり、後追いの対策だけではどうしても限界がでてきてしまうのだ。もちろん、現状の被害への注意喚起はするべきだが、どんな手口が出てきても臨機応変に対応できる、もうひとつのガードテクニックも必要とされている。

私自身、だます側の会話力、相手の本質を見抜く観察眼、窮地に陥った時の展開力、そして奇抜な発想にいたるまで、現場で見てきて驚かされることが多くあった。彼らと話しながら、まるでボクシングのリング上で戦っているような気持ちだった。次々に言葉のパンチが繰り出されてくる。

それをしのぎながら彼らの手口を書籍などで暴いてきたが、おそらくそのパンチから身を守るテクニックがなければ、契約のノックダウンを食らわせられていたに違ない。それに、ただ身をかわしているだけでは彼らに負けてしまうだろう。

「しっかりと断って帰る」パンチをお見舞いしてこそ、その場から逃れられるのだ。
ところが、本書でも述べているように、この「しっかりと断る」、これ自体が曖昧な言葉過ぎて、被害を防ぐうえで十分な防波堤の役割の体をなしていないところもある。

断り方にもノウハウがある。そこでひとつだけ、断り方のテクニックを紹介しておこう。それは、ヒットアンドアウェーという方式がとても有効である。これはボクシングにおけるテクニックのひとつで、一発相手にパンチをお見舞いしたら一歩下がってガードを固める、再び相手の隙を見つけてパンチを入れて再び下がる。しだいに相手にダメージを与えていくのだ。

つまり、相手との話のバトルの中で「いりません！」と断り（攻撃）のパンチを入れる。だが、彼らも一発ではあきらめない。そこでいったん下がってガードを固め、再び話の隙をみつけて「契約しません」「帰ってください（帰ります）」の断りのパンチを入れるのだ。

それを繰り返して、ノックダウンさせ、金を取るのをあきらめさせるのだ。ところが、こうしたテクニックを知らないために多くの人が本来必要としてないはずの契約をさせられてしまい、逆にノックダウンを食らってしまう。

これは、だます側の心理術を知っているからこそできる対策である。つまり、相手の心を読み解かずして被害軽減の道はひらけない。私はそう考える。それをせずにおこなう身の守り方は砂上の楼閣のようなもので、新しい詐欺の波が来れば、あっという間に飲み込まれてしまうことになる。ぜひとも、不動のだまされないための柱を立てていただければと思う。

この世の中は、決して善人ばかりではない。鵜の目鷹の目で私たちの油断や隙を狙って、自らの成功をもぎ取ろうとする者も少なくない。そうした世の中で、単に詐欺にだまされないというだけでなく、本書で示しただましの心理術、そしてそれをもとにしたガードテクニックを通じて、よりよく安全にビジネスや社会生活を送るための護身術としても生かしていただければ幸いである。

多田文明

CONTENTS

第2章 詐欺師は何を装って近づいてくるのか？

第3章

「わかっている」はずなのに、なぜだまされてしまうのか？

第4章 人が詐欺・悪質商法に「巻き込まれる」とき

第5章 詐欺集団の巧妙で緻密な驚くべき組織力

第6章 詐欺師たちの勧誘システムの最新事情

Book Design

HOLON

DTP

山口良二

第
1
章

日々、
進化し続ける
詐欺の手口

次から次へとカタチを変える詐欺師たちの懲りない手法

「オレだけど、電話番号が変わったよ」

70代の高齢男性のもとに、息子になりすました男から電話がかかってきた。しかし、それに気づかない男性が「そうかい。わかったよ」と答えて番号をメモすると、電話はあっさりと切れる。

その後、再び電話がかかってくる。

「実は、困ったことがあって……。会社の金を使い込んでしまったんだ」

「お前はなんてことをしたんだ！」

「ごめん。今日中にお金を埋め合わせなければ、会社にバレてしまう。このままではクビになる。逮捕されるかもしれない。なんとかしてくれないか！」

「わかった！」


ここには、高齢男性をだますためのテクニックが潜んでいる。おわかりになるだろうか。本当の息子の声との違和感に気づかせないために、なるべく最初の電話を短い会話で切

るようにしている点だ。 相手の返ってきた声の反応を見ることで、効率よく詐欺をおこなおうとしている。もし「声が違うのではないか？」と指摘されれば、冬の時期なら「インフルエンザにかかって、喉がやられた」などと言い訳をして、本当の息子と信じたかの反応を見てみる。これは、ある意味、リトマス試験紙を水に浸してみて、酸性（だませる）、アルカリ性（だませない）を判断するようなものだ。

詐欺師は数多くの人に電話をかけており、疑われているような声の反応が返ってくれば、電話をさっさと切り、次に別な人へ電話をかければいいだけのこと。疑いなく息子だと信じた人のみに、二度目の詐欺電話をする。そのため、最初は要件のみの短い電話にして、相手の反応を見ながらセカンドアクションを考える。ゆえに、自分は被害に遭わないと思っていても、偶然にも息子の声のそっくりだったなど、タイミングさえ合ってしまえば、誰でも簡単にだまされてしまうのだ。

この高齢男性は若干耳が遠いこともあって、本物の息子と信じた。これまでいっさい金の無心などしない息子であったし、よほどのことが起きたのだろう。緊急事態にあわてた父親は息子のためにと思い、すぐに金を引き下ろすために郵便局へ向かった。

「これは振り込め詐欺の金ではないですか？」

郵便局側は、普段おこなわない男性の高額な引き出しと、あわてた様子を見て言った。

すると、男性は怒り出す。

「何を言っているんだ！　そうじゃない！　自分の姉の治療費と今後の葬式代で必要なんだ！」

というのも、詐欺をおこなう側も金融機関から金の引き下ろしを止められるのを想定しており、男性に対して「周りにバレないようにしてくれ」と口止めをしたあとに、金が必要な本当の理由は口にしないように言い、葬式代と話すようにと指示していたからである。局員も必死に止めたが、いっこうに男性は話を受け入れない。とにかく「早く金を引き出したい」の一点張りだった。

そして、金を下ろしてしまった。

えてして、このようになってしまうケースは多い。いくら詐欺を防ごうと忠告しても、「オレがだまされるわけがないだろう！」と強い口調で言って、相手の諫言をはねのけてしまうのだ。このように**「自分は絶対に詐欺にだまされない」と思ってもらうほど、詐欺師にとって都合のいいことはない。**

というのも、人はいったん本当の話だと思い込むと心にバイアス（先入観）がかかり、疑いの気持ちをはねのけて信じようとする方向に動き続けてしまうものだからだ。高齢者になるとそれが顕著で、他の人の諫言にはまったく耳を貸さなくなってしまう。詐欺師はそうした心理状況を熟知していて、誘導しているのだ。

その後、高齢男性は駅前に呼び出されて、息子の代理と名乗る人物に200万円を渡してしまった。

3日ほどたち、本当の息子のもとに父親から電話がかかってきた。

「おい！　こんなに大変な思いをして、お金を渡したのにお礼の電話もしてこないとはなんだ！」と怒る。

だが、息子は何のことかわからない。

「お金を渡したのに！」

「はあ!?　何のことだ！」

この電話により、詐欺が発覚した。

おそらく、すでにニセの息子への電話が通じなかったため、以前の息子の番号に電話をしたのだろう。

「電話番号が変わった」と言ってだます。これはオレオレ詐欺の常套手段である。

だが、詐欺では、起きた被害を「点」ではなく、「線」でとらえることが大事である。

それを抜きにしては、だましの手口の本質は見抜けない。

実は、この事件から時を遡ってみること4か月ほど前に、次のようなことがあった。

悪質リフォーム業者とウラで連動する詐欺集団の本当の目的

「父親が勝手にリフォーム工事の契約をしてしまったんだよ」

早朝、私のもとに知人男性から電話がかかってきた。

少しあわてた様子である。話をくわしく聞いた。


「近くで工事をしているので、ご挨拶に来ました」

リフォーム会社が、父親の家を訪れる。

そして業者は「ついでながら外から屋根を見ましたところ、問題があるようです。調べたいのですが、よろしいでしょうか？」と言ってきた。

長年住んでいる家であり、どこかにガタはきているだろうとは思っているゆえ、敷地内に招き入れてしまう。父親が、そういう行動に出るのも当然である。業者としては築年数がかなり経っている古い家をターゲットにして、訪問しているのだから。

タダで点検してくれるというので「よろしくお願いします」と答えた。

業者は屋根に上がり、深刻そうな表情で降りてくる。

「屋根はダメになっています」と、父親に壊れている様子を伝える。

驚く父親に「このままだと雨漏りがするので大変なことになりますよ」と業者はたたみかける。

家に不具合があるのは困る、と不安になった男性に、業者は修理費用として150万円ほどの見積書を提示してきた。

「このところ、地震、水害などの災害も多いですから、何かあってからでは遅いですよ」

悩む父親の心の不安を、ことさらに煽る。

最終的に「わかりました」と、その場で契約をした。


後日、たまたま家を訪れた息子が高額なリフォーム契約に気づいた。

そして、私のもとに相談の電話があったのだ。

彼が私に相談した日が、ちょうど契約から8日目だった。

「ギリギリだけど、今日書面を出せば、無条件での契約解除はできる」と伝えた。

彼はすぐにクーリング・オフの書面を出し、さらに業者に連絡して、契約解除を了承してもらった。

後日、別の業者に屋根を調べてもらったところ、とくに問題はなかったという。

こうして、息子は高齢の親が契約したリフォーム工事を阻止したわけだが、実は、この危険を回避した数か月後、振り込め詐欺の電話がかかってきて被害に遭ってしまったのだ。

この状況から、悪質リフォーム業者と詐欺集団との連動性を疑わざるをえない。

高齢男性がリフォーム契約をした時、この業者は会社を設立して1年目であった。だが、その翌年にはホームページは削除され、当時のビルにはもう業者は存在していない。

悪質商法として十分に金を取れなかったために、会社自体が詐欺グループに変貌し、詐欺におよんだ。あるいは「悪質リフォームで契約した人たちの情報を詐欺犯たちに譲り渡した」といった可能性が考えられるのだ。つまり、数か月前のリフォームトラブルと今回の詐欺とは決して無関係ではないと考えられる。

詐欺のトラブルを回避した人を再び狙ってくる詐欺師たちのウラ事情

多くの詐欺の被害では、今回のようにトラブルを回避できたと安心しているところに、再びだましの魔の手が伸びてくる。

人は安心してしまうと警戒心を失いがちになることを、詐欺師たちはわかっているのだ。おそらく、高齢男性もその息子も「いったんは被害をのがれた」というホッとした気持ちを持ったことだろう。その心の隙間を突かれたといってよい。

詐欺師は無防備になっている私たちの心理状況を見きわめて、つけ入ってくる。それゆえ、詐欺や悪質商法には常に「続編」があることを忘れてはならない。

詐欺師たちは、「緊張からの緩み」を巧みに利用する。詐欺被害に遭った人は、もう二度とだまされないぞと思う。だが、緊張した状態は長くは続かないもので、数か月もすると、しだいにその思いは薄れていき、心がゆるんでしまう。

一方、詐欺師は、さまざまな業者を装って「リトマス試験電話」をかけたり、「ご機嫌うかがい訪問」をするなどのアプローチを繰り返しながら、相手の心のゆるみの状態をチェックしている。そして「今がタイミング」と思った時点で、詐欺を開始するのだ。

では、先の高齢男性は振り込め詐欺の被害にあったあと、どういう状況になっているだろうか。息子さんの話によると、親の元にはその後もあやしい電話や訪問が立て続けに来ているようである。親が書いたと思われるマイナンバー再発行、印鑑証明書、保険証のコピーなどの走り書きのメモが見つかっており、さまざまな詐欺行為のアプローチがおこなわれている形跡が見られるという。

　そこで彼は振り込め詐欺の対策電話をつけ、玄関先に防犯カメラを設置して、あやしい人が入ってくれば自分のスマホで見られるような機能も設置して、日ごろから詐欺・悪質商法対策をしている。

　現代の詐欺を防ぐには、まず「だましの前兆」に気づく必要がある。もし高齢者自身が認知症ぎみで気づけない状況ならば、周りが気づいてあげるより他はない。そして、本人だけでなく、周りの人たちも一緒になって「心のゆるみ」の状況を排除できるかが、被害軽減のカギとなる。

安心と不安を繰り返させてだまし取る新種のマリオネット詐欺の心理術

「オレだけど」と、息子を装った男から高齢女性のもとに電話がかかってきた。

息子だと思い込んだ女性が、「裕士かい。なんだい」と息子の名を呼んで尋ねると、「そうだよ」と答える。

「実は電車に、携帯電話を入れたままで鞄を置き忘れてしまったんだ。今、会社の人の携帯を借りてかけている。もしも駅の落し物係から電話がきたら、実家の番号を教えておいたから、話を聞いておいてね」

そう言って、いったん電話は切れる。**詐欺師はここでは短い会話で要件のみを伝えて、詐欺への布石をつくる。**いわゆる、詐欺へのアポイント電話だ。

まもなくして、駅の遺失物センターの職員から女性宅に電話がかかる。

「○○裕士さんのご実家でしょうか。息子さんのカバンがみつかりました」

「はい。そうです」

ほどなくして、再び息子からかかってくる。

「カバンが、みつかったわよ」

「本当に。ありがとう」

いったん電話は切れるが、再び深刻な声で息子から電話がかかってくる。

「実は鞄の中には財布や会社の小切手が入っていて、それがなかった。それをなくしたことで、会社で大変なトラブルになっていて……、ちょっと上司に替わるよ」

すると、息子の上司を名乗る人物が出てくる。

「実は、息子さんがなくした小切手は、今日中に取引先へ渡さなければならないものです。小切手は紛失とともに凍結したのですが、その分の代金を今日中に工面しなければならなりません……そのお金の一部を、お母さまに立て替えていただけないでしょうか。もしこの件が会社に知られたら、息子さんは会社をクビになるかもしれません。お金はあとで必ず返しますので、お願いできないでしょうか」

まさに詐欺の話を信じさせるためのポイントは、この劇場型の手口だ。多くの人を登場させて、ウソの話を雪だるまを大きくするように転がしながら信憑性を高めていく。心配する親心でちょっと聞き耳をもっただけなのに、ずるずると、危険な底なし沼に引きこまれてしまう。これが詐欺の恐ろしさだ。

クビになるかもしれない……。母親の心配する心につけ込み、上司は、現金をどのくらい用意できるかを尋ねて、もし手元に現金がないようであれば母親を銀行に行かせて、金をおろすように仕向ける。

この「鞄をなくした」「落とし物をした」という手口はオレオレ詐欺の中でも主流なもので、2018年に入っても、80代女性が長男を装った男に8000万円を超える金額をだまし取られている。

おそらくこうした「落とし物をした」という手口をはじめ、日本の社会で「オレオレ詐欺」の言葉を知らない人はいないはずである。それなのに、今もなおオレオレ詐欺の被害が多く出ている。

なぜなのか？　その理由は次のケースをたどれば見えてくる。

「息子さんがポリープの破裂で吐血して病院に運ばれてきました。精密検査が必要です」

医師から、母親のもとに電話がかかってきた。

「ええ！！」

驚く女性のもとに、しばらくして息子から電話がかかってくる。

「なんとか大丈夫だったよ」

「それはよかった」

安心する母親に、息子は深刻な声を出す。

「でも困ったことが起きてしまったんだ……」

「どうしたんだい？」

「実は検査を受けているうちに病院内でバッグを盗まれてしまい、現金や銀行のカードを盗られた。今日中にお金を払わないといけないものがあって。ちょっとお金を貸してくれないかな？」

こうした手口で、70代女性が長男を装った男に2750万円をだまし取られている。詐欺の場所を、電車ではなく病院に置きかえたのである。

喉にポリープ詐欺では、まず医師から「喉の検査や治療をする」と電話がかかってきて、息子から「大丈夫だった」という安心させるような連絡のあとに「病院で鞄が盗まれた」という話になる。さらに巧妙な手口になると、警備員役が出てきて「盗まれた鞄はみつかったが、財布にお金が入っていませんでした」と言ってくることもある。

この手口で巧妙な点は2つある。ひとつは、もし本当の息子の声との違和感があったとしても喉の病気なので気にさせないこと。二つ目は、喉のポリープで親を心配させておき、「大丈夫だった」と安心させたあとに「鞄が盗まれた」と心配にさせるなど、不安と安心の気持ちを繰り返させて、巧みに心の動揺を誘っている。こうなると親は冷静な判断ができなくなり、目に見えないウラの糸で操られるマリオネットのような状態で、詐欺師たちの意のままに金を払わせられてしまうのだ。

このように「鞄」をキーワードにしただけでも、さまざまなストーリーが存在するのだ。つまり、被害が多発している理由に、だましの中身が変わっているのに私たちがそれに気づいていないことがある。

私はこれまで詐欺師たちのさまざまな手口を通じて、ビジネスの成功にも通じる交渉術、マーケティングなどの手法を書いてきたが、実はこのオレオレ詐欺にも、あるビジネス的な発想が見え隠れしている。

世の中には、アイスやパン・お菓子など長年売れ続けているヒット商品がある。だが、これらの商品の多くは、まったく同じ味のものを長期にわたって漫然と販売し続けているわけではない。その時々の消費者の嗜好に合わせてパッケージの中身の味を少しずつ変えながら、商品を提供している。それゆえに長年売れ続けているのだ。

実はオレオレ詐欺も同じで、息子を装ってだましの電話をかけ、心配する親心につけ込んで金をだまし取るという大枠の手法は変わらないものの、その時々に話す内容は状況によって微妙に変えてきている。

だましのキーワードは『鞄』『犯罪行為』『不倫』

私たちは「息子をかたってだます」という〝オレオレ詐欺〟というパッケージ（外見）ではなく、話の中身に注意を向けて身を守る必要がある。とはいっても次々に現れる詐欺話のストーリーをすべて覚えるのは、高齢者でなくても難しいだろう。そこで私は、だましのプロセスを矢印で示すフローチャートで詐欺の手口を知り、身を守ることを勧めたい。

オレオレ詐欺は、まず「息子をかたる」ところからスタートするわけだが、次の詐欺話に展開するために使われるだましのキーワードには『鞄』『犯罪行為』『不倫』など、いくつか出てくる。

鞄を見てみよう。この場合は、「落とす」「なくす」と言ってくる。その時の場所は、電車や病院、タクシーなどだ。そして、鞄には小切手やカードなどが入っており、それがなくてトラブルに陥る。そして結論として「すぐに手元に現金が必要だ」となる。

「不倫をした」では、「子どもができてしまって」「相手のダンナにばれた」となる。そして〝子どもができた〟のケースを見ていくと「中絶費用が必要」となり、〝ダンナにばれた〟では、「示談金が必要」が結論となる。

犯罪をしてしまった系では「会社のお金を使い込んだ」「電車内で痴漢をした」といった理由で弁護士が出てきて、和解金などを請求するといった具合だ。

このフローで見れば、個々のキーワードがいろんなものに変わってもトラブルが起きて、「金が必要」の構図は同じである。最近では、詐欺師たちは「仮想通貨」を使うことが多いが、その時に展開されるのは「仮想通貨の投資で失敗した」「仮想通貨で儲かったが、税金を払わないと口座を凍結される」などとなり、最終的に金を要求される。

すべての手口のストーリーを覚えられなくても、キーワードに何が入るかを考えてフローチャートでだましの流れを考えていけば、詐欺だとすばやく気づける道が見えてくる。

ただし最近では、入り口である「息子（オレオレ）」自体を変化させることもある。娘をかたる「わたしだけど」という詐欺や、名簿で知った「甥」や「孫」をかたって電話をかけるなどのケースも多い。ただし、オレオレ詐欺のだましのフローは変わらないので、息子の部分を娘や甥、孫に変えればいいだけのことである。

だまされないために重要なことは、今、受けている話が「ウソかどうか」を見抜く目である。私はこれまでさまざまな詐欺や悪質商法の現場に潜入取材して、話の流れ着く先がどこなのかを先読みすることで相手の話のウソを暴いたり、だまされそうな局面を乗り越えてきた。

どうしても、私たちは親の情につけ込んで金を搾取するという「オレオレ詐欺」の外見だけに目を奪われて、「その手口は知っているよ」と思ってしまいがちだ。しかしそうではなく、フローの形で当てはめてみて、微妙に変化させてきているだましのストーリー（中身）を通じて「この先にいくと危険だ」と察知できる力を養うことこそが、被害に遭わないためには必要なのだ。

詐欺師が使う、「カモ度」を測る、金額による数値化戦略とは？

「3000円のブレスレットを注文したいのですが」

ダイレクトメールのパンフレットに載っていた「金運アップのブレスレット」を購入するために電話をかけた。しかし、業者の男はなぜかすぐには注文を受け付けない。

「このブレスレットはオーダーメイドなので、あなたの悩みを聞いてから、どの商品がいいかを判断します。現在、お持ちの悩みをお聞かせください」

私は「この不況下、なかなか収入が安定せずにお金が貯まらない」「安定した収入がない」という金銭的な悩みを話した。

「なるほど金運アップをお望みですね」と深刻そうに「うん、うん」と相槌を打ちながら、次のような提案してくる。

「わかりました。あなたには金運アップのブレスレットが必要です。一番お勧めするのは、ゴールデンルチルという石をあしらったものです」

「おいくらですか？」

「40万円になります。これは、金運に絶大な力を発揮します。いかがでしょうか？」

あまりの想定外の高値に「高い！　ムリです」と答えた。

業者は、しばらくはこの金額を押してきたがあきらめたようで、次にパワーストーンに替えて「5万円ではどうですか？」と提案してきた。一気の35万円引きである。

ずいぶん安くできると思い、もう少し様子を見ていると「4万円でどうでしょうか！必ず金運はアップします」と言い出した。

「もっと安くなりせんか？」とごねると、「では、3万円でどうでしょうか？　絶対に効果があります」

さらに1万円になり、最終的には8000円になった。結局、注文するだけで30分以上の時間がかかったのである。

雑誌やネット上には、ペンダントや財布など「仕事運、恋愛運などをアップさせる」という開運グッズの広告が溢れかえっている。

この業者は、手ごろな値段が書かれている商品を注文してきた人に対して、オーダーメイドを口実に悩みを聞き出しながら、なるべく高値で商品を売ろうとしてきたわけだが、ここには悩みを数値化して物を売るという巧妙な手法が潜んでいる。悩みというものは目に見えず、つかみづらいものだ。そこで悩みの深刻度を、ブレスレットの金額という形に置き換えながら探ってきたのだ。**えてして詐欺や悪質業者は、私たちが抱く不満や不安の大きさをはかるために、金額による数値化をおこなう。そうすれば、効率的に高い値段で相手にものを売りつけられる。**そして、支払う金額が大きければ大きいほど、だますための「カモ度」が高い人と判断して、次のだましの戦略も立てられるというわけだ。

数日後、商品が届いた。

私はしばらくブレスレットを身につけながら、「運の効果」が訪れるのを待ってみた。過去に出した本がバカ売れして、多額の印税が予期せず入金されているのではないか？　たびたび銀行を訪れてみたが、何も入金はない。近くの競馬場に1万円を握りしめて行ったが、すべてすってしまった。１か月ほどブレスレットの効果を試してみたが、金運は上がるどころか下がる一方だった。

業者は広告や注文の電話で、ことあるごとに「絶対」「必ず」という言葉を出して金運アップを訴えてきたが、すべてはハッタリで誇大な表現であったことは言うまでもない。

多くの場合、このブレスレットを使用しているあいだに業者から「ブレスレットを使用してみてどうですか？」と電話がかかってきて、その効果を尋ねてくる。しかし、そもそも開運の効果のないものがほとんどだ。使用者の多くは「金運、恋愛運はよくなりません。効果がまったくありません！」と答えることだろう。

実は「まったく効果がない！」という否定的な言葉こそ、彼らの思うツボにはまることになるのだ。

すると、業者は言う。

「おかしいですね。この開運グッズは購入者のみなさんから効果があると言っていただいています。あなただけに効果がないということは、もしかして……」

「なんですか？」

「あなたの因縁が深すぎて、この開運グッズだけでは効果が出ないということではないでしょうか。知り合いに運勢を見てくれる有名な霊能師がいますので、ぜひとも鑑定してもらったほうがいいですよ。このままでは、あなたはどんどん不幸になってしまいます」

そこで、購入者が紹介された霊能師に電話をかけると、「あなたは悪因縁に支配されている。このままでは人生が大変なことになってしまう。先祖の悪い霊を、寺で供養する必要があります」と言われて、供養や祈祷の名目で数百万円の金を振り込まさせられてしまうのだ。しかも、すべて電話だけのやりとりでおこなわれる。

以前には、被災した50歳代女性が雑誌広告を見て「願いがかなう」数珠を約1万5000円で購入したあとに、見舞金の全額50万円を振り込むように言われ、「運気を上げる」という水晶玉などが送られてきた。さらに次々と開運商品を勧められたので「もうやめたい」と言うと、「交通事故に遭ってもいいのか」と脅されている。**詐欺業者にとって、私たちの「断る」という行為は想定ずみなのだ。待ってましたとばかり、その言葉のウラを突いてきて、だましてくる。野球で言えば、ホームラン性の当たりをフェンスの壁にあててボールをうまく処理して、2塁でタッチアウトする。リバウンド心理テクニックだ。**

ところが、私の場合はそうした勧誘がなかったばかりか、通常よくおこわれる効果の出る使用法を尋ねるように仕向けてくることもなかった。その理由はもうおわかりだろう。それは、あまりにも金額を値切ったために悩みの深刻度が低いと判断され、「金を取れる脈なしの人物」と査定されて、次の勧誘がなかったのである。

だまされないためには金額を値切るなどして、簡単には相手の言いなりにならない姿を見せて、カモ度の評価を下げさせることが大事なのだ。

開運グッズから占いへスライドさせてだます連綿と続く霊感商法の魔のカラクリ

これは開運商法と言われるもので、一見すると、ネットなどの広告を使うような新しい手口のように思えるが、そのだましの構図は1980年代に流行った霊感商法の手口とさして変わっていない。

霊感商法では「無料で占いをしませんか？」と、街頭や訪問で声をかけられて、勧誘先に連れ込まれるとニセ占い師から手相や姓名判断をされながら「物事が思いどおりにいかない障害の相もかなり出ているので、気苦労が絶えませんね。何か悩みをお持ちではありませんか？」などと、相手の個人情報や悩みを根掘り葉掘り聞き出してくる。

客は親身になって占いしてくれているとの思いから、つい内面に秘めている思いを正直に話すと、ここぞとばかりに「先祖の因縁」を入れて脅し始める。

「あなたには、お金が流れるという数字が出ています。あなたの金運が悪い理由は、先祖に人をだましたり、人のお金を盗んだりした悪い人がいるからです！」

もし「恋愛が悩み」と答えると、「あなたは幸せな恋愛や結婚ができません。なぜなら、先祖に相手を泣かせて不幸にした人がいるからです！」と言われる。

そして、ニセ占い師はこのままの状態では先祖の祟りによって、今後予想もしない事故などの悲劇があなたを襲い、人生が不幸になってしまうとたたみかけてくる。客が「どうしたらいいでしょうか?」と尋ねると、因縁から逃れる方法として、開運の印鑑や水晶玉、数珠の購入を勧める。

確かに、こうした街頭や訪問から勧誘先に連れ込んで先祖の因縁の恐怖を植えつけてだます霊感商法自体、今は少なくなっている。だが、開運商法に見られるように悩みを聞き出して金を取るだましの構図は、今も連綿としておこなわれ続けているのである。

つまり、霊感商法への警戒感が広がり、人々がだまされなくなると、誘い方を「占いをします」という直接的なアプローチから少しスライドさせて「開運グッズを買いませんか?」という釣り広告を打ち出すように変えてきた。そして、悩みを持っている人が自発的にやってくるのを待つ形をとる。しかし、その後におこなわれるだましの手法は、過去と変わりのない霊感商法そのものなのである。

被害総額2000億円のおいしいペーパー商法の悪辣すぎる正体

つまり、新しいだましの手口と言われるものは、突然変異のようにポンと飛び出してくるものではなく、何かしらの発想の流れがあって生まれてくるものなのだ。新手口と言われているものをみると、案外、過去の手口を土台にして、やり口をスライドさせているものが多い。

というのも、これまで金を取るのにうまくいっていた詐欺の成功法則に対して何かの対策がうたれると、その手法は機能しなくなる。そこで彼らは次の手に打って出てくるわけだが、その時、やり方自体をすべて変えてしまうのではなく、これまでの成功法則の土台はそのままに、被害者へのアプローチや詐欺の内容などを少し横にずらして私たちの目をくらまそうとする。このカラクリに気づかない人たちが、だまされてしまうのだ。

過去に多くの被害者を生み出した霊感商法や豊田商事事件から現代の振り込め詐欺における組織的詐欺まで、一貫しているのは手口を横へ滑らせるようにして私たちをだましていく手法なのである。

豊田商事事件では、多額の預金を持つ高齢者が狙われた。個人情報保護の意識もなかった時代、業者は電話帳などで手当たりしだいに家々に電話をして、高齢者宅にアポイントを取り、訪問する。

「こんにちは。お電話した豊田商事の河田です」

身なりのしっかりした営業マンが家を訪れる。

「まず、お仏壇にお線香をあげさせてください」

そう言って家に上がり込むと、仏壇に手を合わせる。信心深さを見せながら、高齢者の関心を誘う。

「何かお困りごとはありませんか?」

営業話の前に、室内や庭の掃除やら、高いところの荷物をとってあげるなど、徹底的に尽くす。まるで本物の息子以上の振る舞いに、高齢者はすっかり警戒心を失ってしまう。

そこで営業話を持ちかける。

「当社では、金の販売、運用をしています。ぜひとも契約してください」

相手に徹底的に尽くすという行為をして信頼をかち取ってから、契約話を持ちかける手法は、「返報性」とも言われる相手の心理を巧みに突いたやり口なのだ。これだけ尽くされた相手は何かお返しをしたいという気持ちになる。そこへ、営業マンから契約話を持ちかけられると、高齢者は断りきれなくなるのだ。

「金はこれから確実に値上がりします。しかも、金は自宅に置くと盗難の危険もありますから、当社に預けて運用すれば年10％の配当を払います。当社は金の扱いのプロです。必ず配当を出しますから、ご安心ください」と勧誘する。

もし相手が拒むようであれば、契約に「はい」と言うまで延々と長時間の説得をする。契約を取り付けると、金は渡さずに金の預かり証である契約証券を渡す。

しかしながら実際には、豊田商事は金の保有も運用もしていなかった。カネを集めるだけの現物まがい商法をおこない、約２０００億円の被害を発生させて破たんした。こうしたモノを相手に渡さず、現物を業者に預託させて証券や契約書だけを客に渡す手法は、和牛の飼育・繁殖に出資すれば配当が得られるといって多額の金を集めて破たんした和牛預託商法など、その後に起きたさまざまな投資事件に見られる傾向だ。

最近では、その傾向はより強くなっている。

健康器具などを販売していたジャパンライフは、１年間に4度も業務停止命令などの処分を受けた。

その手口は、客に磁石の入ったネックレス（磁気治療器）を、１００万～６００万円で販売するが、その商品は客には渡さず商品自体を会社で預かり、それを別の客に貸し出して、その時に得たレンタル料金（年6％）を購入客に払うシステムになっている。

しかしながら消費者庁の調査では、預けた商品の1割ほどしかレンタルしておらず、しかも商品の在庫もほとんどなかったことが判明している。被害者の中には、友人から誘われジャパンライフの代理店に連れて行かれて「腰がよくなる」という磁気商品の体験をさせられ、その後「商品を購入して、レンタルすると儲かる」との勧誘を受け続けて、30回以上もの契約を繰り返して、総額が1億円を超えてしまった女性もいる。

なぜ、契約金が億を超えてしまうのか？

ここにもカラクリがある。豊田商事の勧誘もそうだったが、満期になれば、年利の配当に加えて購入した商品も手に入ると言われる。まさに投資話がおいしい話に映るのだ。しかも、破たんまでには配当はある。それゆえに契約者は本当に儲かる話だと信じ込み、繰り返して、多額の金を投資してしまうことになる。契約者はノーリスクと思わせられるがゆえに、だまされてしまうのだ。

こうした商法の被害は多く、ある男性は業者から「パチスロ機を購入して、それをパチンコ屋に貸し出せば、レンタル料などが振り込まれて儲かる」と説明され、40万円で契約した。翌月には説明どおりの配当額が振り込まれたので、さらに追加の出資もしたが、その後、業者は破産してしまった。

この業者による被害総額は50億円にものぼるという。

東日本大震災をからめたコンテナオーナー商法から、英国コイン詐欺

「コンテナの所有権を一口50万円で買えば、それを会社で預かり、レンタルでの運用をするので月々の収益金が得られますよ」

最初のうちは配当があったものの、そのうちに、この勧誘をしていた業者からの配当は途絶えた。この手法で業者は30億7000万円ほど集めた。

これだけ被害が広がったのには、理由がある。

東日本大震災だ。

業者の勧誘文句は、「震災の影響で、これからコンテナを使った仮設住宅が造られるので、かなりの需要が見込まれる。黙っていてもレンタル料が入ってくる。さらに、人助けにもなる」というものだった。

この業者は、2013年に、コンテナの所有権を持っていないにもかかわらずコンテナを販売し、勧誘を断った相手に大声で威嚇し、契約を迫ったとして香川県から特定商取引

法に基づく業務停止命令を受けている。その後破たんしたわけだが、被害はこれで終わらない。

今度は、損失を出した被害者のもとに別会社から電話がかかってくる。

「コンテナの会社は倒産しました。担当者はクビになり、大勢の顧客とトラブルになっています。当社が業務を引き継ぐことになったので、話を聞いてください」

そして、こう続ける。

「2013年に生まれた英国のウィリアム王子とキャサリン妃の子であるジョージ王子の誕生記念コインが発行されます。この『英国ロイヤルベビー記念コイン』を購入していただいたら、コンテナの所有権を元値の何割かで買い取りますよ。そうすればコンテナレンタル事業への投資で生じた損害を埋められますよ」

再び、時事問題を出してきて「損失したお金を少しでも取り戻したい」という被害者の気持ちにつけ入ってくる。被害の回復を謳って近づくのが、だましの常套手段だと気づかない人に、詐欺師は忍び寄る。

だが、実際にコインが発行されることはなく、2018年に入り、60代男性ら3人から計約600万円をだまし取ったとして、詐欺容疑で貴金属販売会社の元役員ら5人が警視庁に逮捕されている。この事件では、総額40億円以上の被害が出ている。

これは、レンタルオーナーをきっかけに金貨の販売にまでつなげていた悪質な業者であった。

いずれにしても、ウソの運用話を持ちかけて、現物は相手に渡さず契約書だけを渡すという、だましのスキームは延々と続いているのだ。

空きアパート、バイク便のバージョンアップで金をだまし取り始めた詐欺師たちの事情

スライドの手法がもっと顕著に表れているのは、振り込め詐欺における金のだまし取り方だろう。

オレオレ詐欺のパッケージで述べた「電車で小切手の入った鞄をなくした」詐欺の続きである。

息子の上司を名乗る人物から「息子さんがなくした小切手の代金を今日中に工面しなければなりません……お金の一部を、お母さまに立て替えていただけないでしょうか。いくらでしたら、ご用意できますでしょうか?」と問われて、「200万円なら」と、母親は答える。

「ありがとうございます」

「ではさっそく、次に言う口座にお振り込みしていただけますでしょうか？」

その名前のとおり、この犯罪が出始めた当初はだました金を銀行のATMから振り込ませる形で送金させていた。

ところが、警察と銀行がタッグを組み、人々に注意を呼びかけ、振り込め詐欺に使われたと思しき銀行口座が警察に通報されると、すぐに凍結されるようになった。さらに現金での振り込みの限度額も10万円となり、それを超える金額の場合、窓口でおこなわなければならなくなった。詐欺師からみれば、せっかく口車に乗せてだまし取れそうになった金を、最終の受け取りの段階で逃がすことになる。

さらに、詐欺師たちにとっての状況は悪化する。

「振り込め詐欺」の言葉が世に知られるようになり、「ATMへの振り込み＝詐欺」という認識が多くの人にでき上って、詐欺自体がやりづらくなってきた。

警察庁の発表した統計を見てみても、それがわかる。

平成20年の振り込め詐欺を含む特殊詐欺の被害は2万4881件で、被害総額は275億9000万円だった。それが、平成21年度は7340件、被害総額は95億8000万円に激減、翌年も6888件、112億5000万円だった。

このまま振り込め詐欺は下火になり、根絶されると思われた。

ところが、ここで詐欺師たちは知恵を回し出した。金の受け渡し方法にバリエーションを加えてきたのだ。銀行での振り込みだけでなく、郵送や宅配を使う方法も使ってきた。だまし取った金を会社の住所だけを置いてある私書箱や、空きアパートなどの住所に送らせたのだ。空きアパートは郊外に多数あり、そこを内覧する人のために鍵をポストや水道メーターのところに置いておくことがよくある。その鍵を詐欺犯は勝手に使い、空き部屋内で荷物を受け取るのだ。これにより、足がつかずに現金を受け取れる。

当初はうまくいっていたものの、そのうち詐欺に使われた郵送先が警察に摘発されたり、送金先だったアパートが次々にマークされて、この手口もやりづらくなると、今度はバイク便、宅配などを使う形を考え出す。すでに逮捕されている事例もあるが、詐欺をするためだけにバイク便の会社を立ち上げるケースも出てくるほどであった。

このように、金の受け渡し方法をスライドさせながら、バリエーションを増やしていったために、徐々に被害が広がっていった。

被害が広がった最大の原因は、「対面して金を取る」型詐欺の登場

「……お金の一部を、お母さまに立て替えていただけないでしょうか。いくらでしたら、

ご用意できますでしょうか?」

「200万円なら」

「ありがとうございます」

「では、紙袋にお金を用意しておいてください。息子さんはこれから取引先に向かわなければならないので、彼の部下・島田を家に向かわせます。」

まもなくして、スーツを着た男性が家にやって来る。

「裕士さんの部下で、島田と申します。荷物を受け取りに来ました」

「は、はい」と母親は紙袋を渡す。

「確かに、お預かりしました」

「裕士によろしくお願いします」

「はい、わかりました。」

そして、礼儀正しい様子で去っていく。


被害が広がった理由は、なんといってもこの「直接金を手渡する」型が出てきたことが大きい。それまでの詐欺は電話のみのやりとりだけで金を振り込ませたり、郵送、宅配などでだまし取る形の非対面で金を取っていた。このほうが逮捕されるリスクも低く、効率的に詐欺をおこなえたからだ。

私も当時、講演やテレビに出演する際には「詐欺師は家に来ないので、お金の請求を受けて『自宅はわかっている。今から行くぞ！』と脅されても、臆する必要はありません。きっぱりと断りましょう」ということを、徹底して訴えてきた。

ところが、**ATMでの振り込みが厳しくなると、詐欺師たちは逮捕されるリスクも十分承知したうえで、息子の同僚、部下などを装い、金を直接に自宅に受け取りにくるようになったのだ。これだと銀行口座のように凍結されることもなく、確実に金を受け取れるというわけだ。**

ここでついに、非対面式から対面式への大きなパラダイムシフトがおこなわれた。それまでは「電話による詐欺では、逮捕されるリスクを恐れて詐欺師は家にやって来ない」ということが常識だったが、それが破られた瞬間だった。それにより、詐欺の被害が爆発的に広がっていった。

平成26年には、被害件数は1万3392件、被害額は565億5000万円で、過去最悪となった。直近の平成29年も1万8201件、390億3000万円と、今なお高い数字となっている。これまでのだまされないための対策のウラを突かれた結果、日本中が想定外の事態に陥り、多くの人がだまされてしまったのだ。

むろん、警察も黙っていない。

電話がかかってきた家人にだまされたフリをしてもらい、自宅を訪れた犯人らを逮捕する「だまされたフリ作戦」の手法を取るようになる。

だが、逮捕リスクは詐欺犯らの想定の範囲内である。彼らはリスクヘッジの方法として、金の受け渡しをする受け子が捕まっても、その上の人間が芋ずる式に捕まらないようにして、詐欺を継続できるようにしたのだ。

そこで、詐欺の電話をかける「架け子」のグループと、金を受け取る「受け子」のグループを非対面でつなげて、対面での関係を断つようにしていた。それゆえ警察による「受け子」の検挙数は上がるものの、なかなか組織の上部にまではたどり着けない状況が続く。

それは、電話をかける「架け子」というグループも同様だ。

もし架け子のアジトが摘発されても、その運営を指示し、資金を出す人間までには到達できないようにしておく。そうすれば、より上の首謀者が新たな架け子グループを立ち上げれば、同じ詐欺が継続しておこなえるという仕組みになっている。

いずれにしても、どこの組織が捕まってもすぐにトカゲのしっぽ切りができる状態で、詐欺ができる態勢を組んでいるゆえに被害はなかなか減らないのだ。

被害者をわざわざ遠方に呼び出す「上京詐欺」とは？

確かに、受け子は切り捨てられる存在だとしても、詐欺組織にとって金を運んでくる重要な駒であることには違いない。そのため逮捕のリスクを減らす努力も欠かさない。

家を訪ねていっては逮捕される可能性が高いと思えば、手口を少しスライドさせてきた。

「お金を入れた紙袋を、近くのA駅まで持ってきてもらえますでしょうか？　息子さんに取りに行かせます。その際、携帯電話を持っていってくださいね」

親が駅で待っていると、ニセの息子から電話がかかる。

「ごめん、急な仕事で行けなくなったので部下の飯田を行かせるから紙袋を渡してほしい」

こうして被害者を近くの駅や公園などに呼びだして、息子の代理者に金を渡させる。いわゆる「呼び出し型」という詐欺の横行である。

呼び出し型にすれば、携帯電話で指示して受け渡し場所をコロコロと変えながら相手の状況を遠くから見て、周りに警察がいるかどうかをうかがい知ることができる。若干ではあるが、逮捕されるリスクを減らせる。そこで、受け子を見張る役も配置して確実に金をゲットできるようなシステムを構築していった。

ただし、ここで問題になるのは、悪事の一助を担ってくれる受け子の手配である。詐欺のターゲットになる人は全国にいる。だました相手のもとに行くためには、その地域に受け子を向かわせなければならない。

これはなかなか手間である。

人の多い首都圏であれば受け子を用意するのは比較的容易だが、都心から離れた地方となれば人口も少なく、受け子の手配がしづらかった。

そこで、詐欺師たちはまた頭を回し出す。

「ごめん、仕事があるので、お金を取りに行けないので、東京まで持ってきてもらえないかな？」

息子の緊急自体ゆえに、親はとるものとりあえず家を出て新幹線に乗り込み、東京に向かう。

このように考え出されたのが、遠方から新幹線などの鉄道を使って東京、大阪、福岡などの首都圏に呼びよせる方法である。それにより、首都圏から新幹線で2～3時間圏内のエリアに被害が集中した。なかには飛行機を使って、羽田や成田の空港まで金をもって来させる手口まで出てきた。いわゆる「上京詐欺」の横行である。

つまり、金は「取りに行く」ものではなく、「持ってきてもらう」という発想に、またもや大きく変えていったのだ。

今もなお、地方に住む高齢者がニセの息子に東京や神奈川、大阪、名古屋などの都市部に呼び寄せられて、金を渡してしまう被害が全国であとを絶たない。今ではＳＮＳを使って詐欺の人員を手配するなど、さまざまな手法が使われている。

これまでの手口がやりづらくなる状況になれば、手口を少し横滑りさせながら私たちの目を惑わすような手法を編み出す。そして、ある時に大きなパラダイムシフトを起こして、一気に私たちの持っている詐欺対策や常識を覆していく。

ひとことで言えば、だましとは、私たちの持つ考え方のウラをいかに突くかという頭の回し方だ。その洗練された術により、今もなお多くの被害者が続出しているのだ。

第2章

詐欺師は何を装って近づいてくるのか？

「現金」から「カード」へスライドし始めた詐欺師たち

「このたびは、ハンドバックのご購入ありがとうございます」

大手の百貨店の女性店員から、高齢女性宅へ電話がかかってくる。

「はい？　何のことでしょうか？　私は買っていませんよ」

「えっ、そうなのですか？　あなたのクレジットカードを使い、買い物をした人がいますよ。どうやらクレジットのカード情報などが洩れて、不正に使用されているようですね。警察に通報しておきます」

まもなくして警察から電話がかかり、「あなたの個人情報が詐欺犯にわかってしまい、悪用されていることがわかりました。これ以上の詐欺を防ぐために、すぐにカードを変えてください」と言われて、信じ込んでしまう。

これは、権威のある人から言われると無条件で従ってしまう「ハロー（威光）効果」といわれる心理効果だ。このテクニックを使い、銀行協会や金融庁などへ電話をするように指示される。ちなみに、銀行協会は実在する団体である。デパートにしても警察にしても、実在するものをかたるゆえに、高齢者はウソだとはなかなか見抜けない。

高齢者が指示された協会の番号に電話をかけると「すでに事情はうかがっています。これ以上の悪用を防ぐために、すぐにカードを切り変えましょう」と言われる。さらに「クレジットカードだけでなく、キャッシュカードも不正利用されているので、セキュリティを強化するために変えましょう」

そう言われて、家を訪れた銀行協会をかたる男に持っていたカードをすべて手渡すことになる。当然、「本人かどうかを確認するため」などという口実で、暗証番号は事前に電話で聞かれている。

結果、詐欺犯たちによってだまし取られたカードは勝手に使われて、1日の限度額いっぱいの金額をATMから引き出されてしまう。カードをだまし取る手口には、この他にもさまざまあるが、いずれの場合もカードをだまし取られたことに本人がしばらく気づかないため、数日のあいだに現金を何度も引き出されてしまい、被害が大きくなってしまう。

2017年には、70代女性が「あなたの個人情報が流出している」という電話を受けて、詐欺犯にキャッシュカード12枚を渡してしまい、約2億円を超える額が口座から引き出されてしまっている。

こうした他人のカードから金を引き出す役目をするものを「出し子」という。最近、よく警察から、犯人逮捕のためATMから現金を引き出す「出し子」の写真が公開されるが、この種の犯罪が増えていることの証左であろう。

この手口が流行った理由は、2つある。まず、クレジットカードの不正利用のニュースがたびたび報道されており、実際に「カードを勝手に使われた」という話も周りで聞くことがある。私たちの身に起こりやすい事象を用いて、話を持ちかけている。もうひとつは、「現金が必要と言われたら、詐欺」という注意喚起が徹底された点を突いている。

詐欺師たちは、私たちの警戒しているポイントをかいくぐるように、現金自体ではなく金を引き出すためのカードを狙う方向にスライドさせてきたのだ。つまり、「現金をとられまい」と心に深く刻む高齢者ほど、カード詐取という方法でだまされてしまうことになる。今の詐欺は「ATMからお金を振り込んで」とも言わない、「現金を渡して」とも言わないものも出てきているのだ。

詐欺師らは、これまでの「ATMでの振り込みを指示されたら、それは詐欺」といった詐欺対策に、新たな手口をかぶせることでその効果を無力化する。いや、それどころかこれまでの対策を、次の詐欺をおこなうステップにしていると言ってもいい。ゆえに私たちが今抱いている詐欺や悪質商法に対する対策や常識が、必ずしも明日も使えるものとは限らないということを常に肝に銘じておく必要がある。

「アマゾン」「ヤフー」になりすます大手IT企業詐欺の手口

「あなたには有料動画サイトを閲覧した履歴があり、料金の未納が発生している。もしこのまま料金を払わなければ運営会社から訴訟を起こされ、給与や不動産などの財産が差し押さえられますので、至急ご連絡ください」

「裁判」や「財産差し押さえ」といった脅し文句にあわててしまい、メールに書かれた番号に電話をしてしまう。

「はい。こちら、Ｙａｈｏｏ！（アマゾン）ですが、いかがいたしましたか？」と、オペレーターを名乗る人物が出てくる。

「未納料金があるというメールが来たのですが？」

「お名前と、お電話番号をお願いします。確認いたします」

それに答えて、しばらく待っていると「はい、確かにあなた様には未納料金がありますね。本日、お支払いいただけますか？」

「おいくらになりますか？」

「20万円になります」

「そんなに高い金額ですか！」

「はい、延滞金などが加算しております。お支払いいただけませんと、訴訟手続きに入ることになります」

まさに、ネット利用者が普段使っていて身に覚えのあるアマゾンやＹａｈｏｏ！などの大手のサイト業者をかたりながら、ごりごりと銀行ＡＴＭでの支払いをするように迫ってくる。


ところが昨今、こうしたメールでの架空請求は迷惑メールフォルダなどに自動的に振り分けられて、だませる人が減ってきている。そこで、詐欺師らは電話番号だけでメッセージを送れるＳＭＳ（ショートメッセージサービス）を使うようになった。ショートメールを普段あまり使わない人は、不意打ちを食らわされてしまうことになる。

私は、詐欺師との電話での対決番組をたびたびしているが、架空請求をしてくる業者とのやりとりを何日にもわたって収録をする。ある時、ロケでいつも音声を担当してくれるスタッフが、頭をかきながら話しかけてきた。

「いや〜、先日、アマゾンからのショートメッセージが来たので本物だと思ってしまい、つい電話をかけてしまったんです」

電話をかけてから相手の対応や文言を聞き「あっ！　ロケでやっている詐欺と同じだ」と気づいたという。これだけ私たちの架空請求のやり取りを間近で見ていながらも、つい電話をかけてしまうのだ。人は想定外のことには本当にもろいもの。詐欺師は、その心理につけ入ってくる。

また、ネットで関心のある動画サイトをクリックしただけなのに、いきなりアダルトサイトにつながり、「ご登録ありがとうございます」と、数十万円もの高額な料金を請求された経験があるかもしれない。

こうしたサイトでは、脅す手段として時間のカウントダウンを表示して、早く支払わないと大変なことになるぞと、期限を切って利用者を焦らせてきたり、料金画面を閉じたつもりでも再び画面を出して消せないようにして、電話をかけざるをえないように仕向けてくる。これでもか、これでもかと次々に心理的プレッシャーをかけてきて、不安感からのアクションを起こしてきた人を狙うのだ。

架空請求では、日ごろ、スマートフォンやパソコンなどを操作する機会の多い若者から中高年層にいたるまでの幅広い年代が狙われるが、その罠はいたるところに仕掛けられている。主婦であれば、巷で話題の「離婚・結婚・不倫」などの芸能ニュースの動画を釣り餌に。若者であれば、アニメやゲームサイトをタップさせるといった具合である。

パソコンだと無視すればいいのだが、スマートフォンだと電話とネットが一体になっているため、そうはいかないこともある。表示された請求画面を消したつもりなのに、なぜか業者へ勝手に電話がかかってしまったり、「誤操作の方はこちら」というボタンがあり、そこを押してしまうと、自分の番号が通知された形で相手の業者に電話がかかってしまう。詐欺師としては、電話さえかけてくれれば、脅し文句はいくらでも準備しているので、自信たっぷりに詐欺の言葉を浴びせかけて、だまそうとしてくる。ネットを見ながらタップするだけで電話をかけられるという利便性をうまく利用して、私たちを詐欺にはめようとしてくるのだ。

架空請求詐欺のしたたかな戦術
相手の気持ちに寄り添うふりをする

「このメールで来た料金請求は何ですか？」

「あなたは○○エロ動画を繰り返し見ていますので、サイトの運営会社に対して未納料金が発生しています」と、男はとうとうと語りだす。

「そんなアダルトサイトを見た覚えがありませんよ」

私がある番組にて、架空請求業者に電話をかけて、あえてその手の内に乗ってみた時のことだ。

「ですが、すでに利用した履歴が運営会社側のパソコンに残っているので、お金は払わなければなりませんよ」と業者の男は一歩も引く様子はない。

そこで、困ったようなふりをしながら「どうしたら、いいでしょうかね？」と尋ねてみた。

「そうですねえ。本来、あなたが払わなければならない金額は延滞金などを含めまして、30万円ほどになります。すぐに払えますか？」

男は強い口調で押し始める。

「そ、そんなに高い金額は払えませんよ」

「ですが、これ以上放っておけば、さらに延滞料金が増すことになります。それではますます払えなくなるのではないですか？」

「そうですね」

弱ったな……というニュアンスの言葉を発すると、一転、相手の男はやさしい口調になった。

「そこでご提案なのですが、もし今日中にお金を払う約束をしていただければ、運営会社に交渉して半分の15万円にできるよう頑張りますが、いかがでしょうか？」

今話している男は、料金未納が発生している運営会社の者ではなく、運営会社から依頼を受けて料金請求をしているサポートセンターの人間だという。

「お困りでしょうから、私が運営会社に料金の件で掛け合いますよ！」

自分のために骨を折ってくれている。

そう思わせてくる。

ひと昔前ならば「金を払え、払え」と、ごりごりと一本調子な口調で迫ってきたが、今は運営会社と請求を受けている利用者の間を取り持つ存在になりきり、相手の気持ちに寄り添うフリをしながら、詐欺話を展開することが多くなってきている。ソフトに支払いを迫るほうが詐欺だと疑われずに、金を出させやすいからだ。

それでも、私が金を払うことに躊躇する素振りを見せると、「もし15万円を払っても、あなたがサイトを利用したという記憶がないのであればサポートセンターのほうで運営会社と交渉して、クーリング・オフの手続きをしますのでご安心ください。そうなれば現金書留による返金をさせていただきます」。

なんと今度は8日以内で無条件での解約ができて返金してくれる「クーリング・オフ」があることまで教えてくれる。これを使えば、実質、私の金額負担はないというのだ。

当然ながら、この話はウソである。この種のネットの通信販売にはクーリング・オフの適用はないからだ。もっともらしい言葉を並べてたてて、私たちを翻弄してくる。

最終的には「近くのコンビニに行って、プリペイドカードを購入してきて、そのカードの裏面にある番号を教えてください」と指示してきた。

コンビニでは、5000円から1万円、3万円など、さまざまなプリペイドカードが販売されている。そのカードには14~16桁ほどの番号が打たれており、その番号をネット上で打ち込めば、事前に支払った金額分が電子マネーとして使用できる。つまり、詐欺業者にカードの番号を伝えてしまえば、その金額分を搾取されてしまうことになる。

ある程度、相手の手の内があきらかになったので、後半では強気に出た。

詐欺師が向こうから電話を切ってくる「撃退」の話し方

「料金を払う前に運営サイト先と確認、交渉したいので、未納になっている会社名を教えてください。自分でその会社に電話をかけて交渉しますから。それに、あなたの会社の住所も教えてください。身元のわからないところにお金を払うのは危険ですからね」

次々に、質問という形で強気の言葉を重ねた。すると、私から金を取るのは無理とあきらめたようで、業者は「もうけっこうです」と言って、あっさりと電話を切ろうとしてくる。

「それじゃあ、お金は払わないよ」と言うと「どうぞ、ご勝手に」などと言い、ひたすらに逃げようとする。

最後には「あなたの住所はネットの履歴からわかっているので、裁判所からの訴状が届きます」と捨てゼリフを吐いて、電話は切れた。

ここからわかるように、万が一電話をかけてしまっても「相手の身元を確認する」「払わない」など強気な口調で話せば、相手から電話を切ってくれる。というのも、今は警察の目も厳しくなっていることもあり、詐欺師は通報しそうな面倒な客には対応せず、言いなりになって金を取りやすい人から、まずだまそうとする傾向があるからだ。

男は電話を切る間際に、「あなたの住所はわかっている」と告げてきた。これを言われると、ネットにくわしくない人は自分の身元がばれていると思い、詐欺に遭ってしまいがちだ。本当にそうなのだろうか？　それはまったくのウソである。ネットの閲覧履歴やIPアドレスなどから、こちらの住所はそう簡単にわかるものではない。ましてや、身に覚えのない請求である。こうしたセリフを吐かれてもあわててはいけない。焦りをにじませた言葉が詐欺師に伝わると、相手の思うツボにはまり、だまされる確率はグンと上がってしまう。

最近の架空請求での支払わせ方は、「現金を用意しろ」から、「プリペイドカードを購入しろ」という形になってきている。鮭が卵を産むために川を上ることを「鮭の川上り」と言うが、詐欺師たちも金のもとになる卵を求めて、プリペイドカードやキャッシュカードという上流へとさかのぼっていく。ある意味「詐欺師の川上り」（GO　UPSTREAM）と言ってもいいかもしれない。手詰まり感が見えてきたら、流れを遡り、原点をめざすような奇抜な発想をしてくるのだ。

警察のふりをして
カードをだまし取る詐欺師のテクニック

「あなたの銀行口座が、詐欺犯らによって不正使用されています」

ニセの警察からの電話である。

今、警察による詐欺撲滅のための徹底した取り締まりがおこなわているが、詐欺犯らはそうした対策のウラを突くように、警察を装って高齢者宅へ電話をかけてくる。

さらに「あなた自身が犯罪行為に巻き込まれている可能性があります」と言われるのだから、動揺しないはずはない。

「今からお宅へおうかがいしますので、通帳やキャッシュカードを用意しておいてください」

そして高齢者宅を、スーツを着た刑事風の男が訪れる。

「捜査のためにカードを警察のほうで預からせてください」

そう言ってカードをだまし取っていく。電話をかけてから家を訪れるまでの所要時間は、1時間以内ときわめて短い。その時、ニセの警察手帳を私たちに見せて信用させてくることもある。警察手帳など、日ごろ目にしていないものだ。それゆえに、見せられた人は真偽の判断がつかず、あっさりと信じ込んでしまうことになる。

時に、電話をずっと繋ぎっぱなしの通話状態にして訪問することもある。詐欺は第三者に相談させるヒマを与えずに一気におこなうのが手なのだ。

「このまま口座が悪用されれば、あなた自身が犯人と疑われる恐れもあります。そこで、あなたがこの口座のキャッシュカードを使っていないことを証明するために」

家を訪れたニセ刑事が、持参した1枚の封筒を手渡す。

「この中に、ご自身のキャッシュカードを入れて封をして厳重に家で保管してください」

家人は指示どおり、キャッシュカードと通帳、さらに暗証番号を記入した紙を入れて、自分の手で封を閉じる。

ニセ刑事は、最後にこう一言つけ加える。

「では、あなたが封筒を開けていない証拠に封の部分に捺印して、あなた自身が保管してくださいね」

「はい」

家人が印鑑を取りに行くために、居間に向かう。そして戻ってきて封筒に印を押す。

刑事は言う。

「では、この封筒を指示があるまで開けずに厳重に保管していてください。大事なものですからね」

「わかりました」

そして、刑事は出ていく。


はて、どこでニセ刑事は犯罪をおこなっているのだろうか？　そう思ったあなたはだまされている。この直後に、まんまと詐欺師は金をだまし取っているのだ。

というのも、家人がハンコを取りに行っているあいだに、男は事前に用意していたダミーのカードを複数枚入れていた封筒と本物の封筒をすり替えていたのだ。家人は封筒がすり替わっていることに気づかないために、ニセのカードが入った封筒を家で大事に保管しておくことになる。そのあいだに詐欺師はキャッシュカードを使って、現金を引き出すのである。


これは詐欺師たちのだましパターンのひとつで、「私たちの目線をそらせる」というやり方だ。人は別なことに注意を向けさせられると、大事なものから目をそらしてしまいがちになる。そして、本人はだまされていることに気づかぬままに詐欺師の意図どおりに誘導させられてしまうのだ。目線をそらせる。これもある意味、スライドの手口とも言える。

これは、悪質な訪問販売でもおこなわれている。

器物破損してまで威嚇するようになってきた訪問販売

家の周りを回っていた移動販売車を家人が呼び止めると、車から2人の業者がやって来た。業者が家に入り込むとカタログなどを見せて、安い物干し竿ではなく数万円の高額なものを勧めてくる。

客が購入に躊躇していると、接客をしていないもう1人が、庭の物干し竿のところに行き、台座を壊してしまうのだ。

そして「あれっ、この物干し竿の台座は壊れていますよ」などと白々しく言い、物干し竿を台座ごと買わせようとする。つまり客の目をカタログに釘づけにさせているところで、もう1人が見えないところで悪さをおこない、買わざるをえないように仕向けるのだ。

「こんにちは！　お世話になります。電話の回線の確認をさせてください」

電話会社と称する2人の男が家にやって来る。1人が家の者と対応しているうちに、もう1人が窃盗を働いていた事例もある。

もし、見知らぬ業者の訪問を受けて2人以上（相手）対1人（自分）の関係で話が進むような状況なれば、絶対に家に入れての対応はしてはならない。自分の目が届かない隙が出てくるような状況では、相手に何をされるかわからないからだ。これは、訪問販売から身を守るための鉄則である。

「詐欺から守る」とうそぶいて買わせる論点ずらしのテク

「以前に布団を買いましたよね。その節はありがとうございました」

笑顔の販売員が、高齢者宅を訪れる。

「ええ」

高齢者はうなずかざるをえない。

というのも、販売員らが過去に布団を購入した人のリストをもとに家を訪れているのだから否定のしようがないのだ。そして業者は、さもその時に購入した布団業者と関係がある会社のような形で話をする。

「実は前に購入した布団は、セット販売での契約になっているのですよ」

ウソをついて新たな寝具を売りつける。手元に契約書がない高齢者はこの話を拒否できずに、購入話へと進ませられてしまう。

だが、彼らの知恵の回し方はこの程度ではない。さらに次のようにたたみかける。

「これまで、いろんな訪問販売の業者が来て困ったことでしょう」

「そうですね」

相手の気持ちに寄り添った上で、こう言う。

「今回、当社の商品を買えば、今後いっさいの勧誘電話や訪問販売をやめさせることができますよ」

業者は、二度と訪問販売業者を来させないようにさせると約束する。

ここが、彼らの手口である。

これまで悪質な訪問販売を追い返すのにさんざん苦労してきた高齢者は、日ごろから「勧誘が来なくなってほしい」と願っている。そうした気持ちにつけ入って、購入のダメを押すのだ。

「これまでの訪問販売を断る苦労から解放される」

そうした気持ちから高齢者は、いくら値段が高くても「この業者からの商品を買ってしまおう」と思う。当然ながらこれはウソっぱちなので、その後も訪問販売の勧誘はやむことがなく、そこではじめて業者にだまされていたことに気づく。この手口で、この業者は詐欺容疑で逮捕されるまで11億円を超えた莫大な利益を上げていたのだ。

この手口は、ただものを売るというアプローチだけでなく「あなたを悪質な訪問販売から助けられる」という方向に論点をずらして、すんなりと金を払わせている。相手との会話の中で、論点をずらしながら、悪質業者が巧みにモノを売りつけていることもあり、これが一番厄介で、たちが悪い。

「こちらはリサイクルショップのものですが、古着や靴、本など余っていませんでしょうか？　何でも買い取ります」

女性の声で、電話がかかってくる。

電話を受けた中年女性は「ちょうど、捨てようと思っていたものがあったから、ぜひ来てください」と答える。

すると、業者の男が来訪する。

女性は、玄関前に家の奥から着なくなった衣類や鞄などを出してくる。業者の男は衣類などを見ていく。

「こちらはダンナさんのものですか？」

「ええ、もう着られなくなったものですから」

何気ない会話をしながら、業者は査定結果を口にする。

「これはどれも値段がつきませんね。もう少し価値のあるものはないですか？　せっかく来たのですから、お値段がつくものをよろしくお願いします」

「そうですねえ」

考え込む女性に対して「たとえば、宝石や貴金属などのアクセサリーはないでしょうか？見せてくれるだけでいいんですよ」と言う。

そもそもの業者の狙いは、古着や古本を買い取ることではない。これを口実に家に上がり込み、高価な品を出させて買い取るのが目的なのだ。この流れですんなり宝石などを出してくれる人であればいいが、もし「家には高価な宝石はありませんね」と言おうものなら、男の態度は一変する。

「これだけ立派な家に住んでいるんだから何かあるはずでしょう。ウソはつかないでくださいよ」

「ダンナさんがいるんだから結婚指輪もあるでしょう。見せてくださいよ」

しつこく迫ってくる。

「そうした物はないので帰ってください」と言えば、男は凄みながら「いいから、金の指輪や宝石を出せよ」と脅すような口調になる。

ついには女性が着けている指輪や腕時計を見て、「それを見せてくれよ。それを売ってくれよ」とまで言い出す。

押し買いを始めてくるのだ。

時には、訪問時には業者が1人だったのに、時間が経つごとに2人になり、3人になって迫ってくることもある。数で威圧してくるのだ。

家人が根負けして宝石を出すと、高価なものにもかかわらず、「デザインが古いので価値がありません」「これはニセモノですね」とウソをついて、二束三文の値段をつけて買い取っていく。もし相手に宝石を渡したあとに、不安になって「やはり返してください」と言っても、業者は「一度、売ることに同意して渡したものは戻せません」などと言って、家を出て行ってしまう。


だが、これはウソだということを知っておいてほしい。

訪問購入では、クーリング・オフというものが法律で定められている。クーリング・オフを記載した書面を交付することを義務づけられているのはもちろんだが、業者と商品を売却する契約をしたとしても8日間は業者へ商品をすぐに渡さず、手元に保管しておけるのだ。

もし、業者から金銭的な価値がないと査定されても、一方からの話だけでは判断せず、自らが実際に買い取りの店舗に赴くなどして、査定額を比較検討できる。当然、クーリング・オフの期間であれば無条件で契約を解除できる。くれぐれも、買い取りの契約をしたからといって、安易に商品を相手に引き渡してはいけない。

中には、あとから商品を取り戻そうとして業者に電話をかけるも連絡がつかないケースもある。こうなると、宝石などを取り戻すのが難しくなる。身元が確認できるまで、商品を渡さないことが賢明であろう。

「商品を売りつける」押し売りが悪質商法だと思っていると、不用品が金になるかもしれないという気持ちにつけ入って、「買い取る」という手段でやってくる。まさにスライドから一転、正反対のリバースに手口を変えて、私たちの思惑のウラを突いてくる。人は想像もしていない方向から詐欺の言葉がくると、対処法がわからず、相手の言いなりに行動してしまう。その心理がわかったゆえのだましの手口なのだ。

あの手口から、この手口へ 巧妙になる個人情報の抜き取り方

「こんにちは、アンケートをお願いします」

道を歩いている人に声をかける。

「はい」と、足を止めると「今、関心のあることをお聞きしてもよいですか？」。

キャッチが手にするアンケートには「映画、旅行、占い、英会話、人間関係」などさまざまな項目が並んでいる。

それに対して、ひとつひとつ答えていくなかで、キャッチらは私たちの事情を把握しようとしてくる。そして最後に用紙を相手に渡して、「住所と電話番号をお書きください」と、さも決まり事のようにして書かせる。

「ありがとうございます」

こうして、個人情報を抜き取られる。

「今日は、このあと時間はありませんか？」

そう尋ねられて「ええ」と答えると、「占いに関心があるとあったので、ぜひうちの占い場所に来てみませんか？」と、その日のうちに「勧誘場所」に誘われて、高額な自己啓発セミナーなどの契約を強いられる。

これが「お肌のアンケート」だと、「無料でお肌診断とエステ体験ができますので、来てみませんか？」と誘われる。

勧誘先では、肌を見る機械で画像を見せられながら「このままだと、将来肌がボロボロになります」と不安を煽るようなことを繰り返し言われて、契約をしてしまうことになる。

いずれの場合も、相手の質問に答えて親しくなり、個人情報も知られてしまったために断りきれなくなり、そのまま勧誘先に連れて行かれて高額な契約をさせられる。

「ああ、そのキャッチの手口なら知っているよ」

そう思ったあなたは、もしかするとだまされる可能性が大である。

私も10年ほど前から「アンケートなどと言って個人情報を聞き出そうとするキャッチセールスには気をつけてください」と、テレビや講演などで口を酸っぱくして注意してきた。

もちろん今もそうした形での勧誘もあるが、手口はだいぶ変わってきているからだ。

やさしかったスカウトが一転、100万円勧誘に豹変する時

「あなた、かわいいね。雑誌のモデルになりませんか？」

スカウトマンらしき人物が、街頭で女性に声をかけてくる。

「ちょっと写真を撮らせてもらっていいですか？」

「ええ」

そして、写真をパチリと撮る。

「きれいに撮れていますね。もしよろしければ、芸能事務所の社内審査にかけてもいいですか？　もし通ればモデルのお仕事があるもしれませんから」

「ほんとうですか？」と喜ぶ女性に「それでは審査後に連絡したいので、ラインのＩＤを教えてもらえるかな？」。

以前は、アンケートの最後に無理やりに個人情報を聞くという形だったが、今は自然な形ですんなりと連絡先をゲットする。

その夜に電話がかかってくる。

「審査が通りました。ぜひ、登録して所属タレントになってくださいね」

「はい」

翌日、女性は喜んで事務所を訪れる。

「合格、おめでとうございます。あなたを雑誌や冊子のモデルに掲載したい。そうすれば、モデルの仕事が来ます」

もちろん、仕事としてなので金はかからない。

喜ぶ女性へ事務所の人間は、ある提案をする。

「ぜひ、今以上に美しくなってほしいので、当社と提携している美容クリニックの無料体

験に行ってきてもらえませんか？」

ここが詐欺師の手口である。

女性がその場所に向かい、施術を受けると、業者から「脱毛のコースを受けておいたほうがいいですよ」と勧められる。

その金額は１００万円である。

「ええ〜！」と驚く女性に、「本来は１００万円以上するのですが、今日、契約をしてくれれば半額にします」と提案される。女性は事務所の紹介の手前もあり、契約してしまう。

この他にも「素顔を撮影するのでフェイシャルエステを受けてくるように」と言われて、エステ店に行き、全身脱毛のコースを勧められた事例もある。

今のキャッチは、「スカウト」「モデル」という言葉をエサにして、高額なエステなどの契約をさせようとする。当然、その後、事務所からモデルの仕事などはまったく来ないのだが、「いつか仕事が来るかもしれない」と真面目に思う人ほど、被害を口に出せずに黙り続けてしまう。巧みな心理誘導で、だましを簡単に表沙汰にしないための手立てが取られている。

今は、ＡＫＢ48などの女性アイドルグループが大人気である。数年前までごく普通に暮らしていた若い女の子たちが、芸能人になって華々しく活躍している。その姿を見て、自分も将来そうなりたいと願う女性は多い。そうした気持ちにつけ込んで、悪質業者は本来のエステ契約という本来の目的をリバーシブルさせて、事務所のスカウトマンの仮面をかぶってやって来るのだ。

第3章

「わかっている」はずなのに、なぜだまされてしまうのか?

“大阪のおばちゃん”が集中して狙われた還付金詐欺の手口のカラクリ

「医療費2万円ほどを、払い過ぎていますね。もうお手続きはなさいましたか？」

市役所職員になりすました男からの電話がかかってくる。

「いいえ」

「それは大変です。お手続きは今日までになりますので、この期間を過ぎますと払い過ぎた医療費は受け取れなくなってしまいますよ」

「そうなんですか！　どうすればいいですか？」

「今なら、銀行で直接お手続きをしていいただければ間に合います。いかがいたしますか？」

「手続き、お願いします」

これは「金を戻すから」とウソをついて、逆に金をだまし取る“還付金詐欺”と言われる手口である。ここでは、「今日中に手続きをしないと、お金が受け取れなくなる」と、期限を切って焦らせる手法が使われていると思うかもしれない。もちろん、それもある。

だが、ここではもうひとつの巧みなだましの心理テクニックが使われている。おわかりになるだろうか。それは、役所をかたる人間から「ああしろ」「こうしろ」と一方的に言

われれば詐欺かもしれないと疑えるが、金を受け取りたいと思う気持ちにさせた上で、被害者から「どうしたら、お金を受け取れるのか？」と尋ねるように仕向けている点だ。自ら聞くという行動を取らせているゆえに、本人はなかなかだまされていることに気づけない。

「どうすればよいのか？」と、相手に質問をするように誘導させながらウソの内容を伝える手法は、詐欺のテクニックのひとつだ。話好きでツッコミの強い人ほど、この形でだまされがちになる。

２０１６年、これまで「大阪のおばちゃんは振り込め詐欺にはだまされない」と言われ続けてきた大阪などの関西圏で、振り込め詐欺の被害が続出した。とくに被害が大きかったのは還付金詐欺である。まさに、おしゃべり好きでツッコミが得意な関西の中高年の女性がターゲットにされてしまったのもうなずける。

「わかりました。ご希望であれば、早急にお手続きに入りましょう。普段お使いの銀行はどちらになりますか？」

「A銀行です」

「少々お待ちくださ い……。それでは○○にATMがあります。そちらにカードを持って向かってください。こちらもA銀行の職員に電話をして向わせて、直接に操作方法をお教えします。待ち合わせのために、念のため携帯電話をお持ちください」

「わかりました」

今は、銀行の窓口があるATMでは還付金詐欺への監視の目が厳しくなっている。そこで、できるだけ警戒の薄いショッピングセンターや無人のATMへ向かうように詐欺師らは指示する。

高齢者が急いで家を出て、指示されたATMの前で待っていると、銀行員から電話がかかる。

「A銀行の者です。すみません。急用で行けなくなりましたので、手続き方法をお電話でご案内します。申し訳ありません」

急に状況が変わったと言い訳をして、電話での操作方法を指示してくる。もちろん、そもそも銀行員は行くつもりなどなく、あくまでもATMへ誘導させて電話での指示をするための方便だ。ここにも、多くの人がだまされるポイントがある。これは後に述べよう。

銀行職員を装った男は次のような指示を開始する。

「それでは、最初にあなた様のカード情報を確認しますので、取引開始のボタンを押してください」

高齢者はATMにカードを挿入し、ボタンを押す。

「はい。押しました」

「次に、残高というボタンを押して、暗唱番号を4桁入力してください」

高齢者は指示されたまま暗証番号を押す。

「今、数字は何個で出ていますか？」

「1・2・3……六つですね」

つまり、ここでこの口座に10万円単位の金が入っていることを詐欺師は知ることになる。

「左は円マークになっていますので、二つ目の数字から三つ読み上げていただけますか」

「654」

「はい、ありがとうございます。お客様の確認が取れました」

ここで詐欺師は、残高が65万円ほどあることを把握すると、たたみかける。

「それでは、次にお振り込み口座の登録になりますので『お振り込みのボタン』を押してください」

「はい、押しました」

「それではまず、こちらから振り込む先の口座をお伝えしますので、ボタンを押してください。お振り込みをする金融機関は○○銀行になります」

示をする。

「はい」

「続いて支店は○○支店です……」

こうしてひととおりの口座情報を入力させたあと、振り込み金額の画面で次のような指示をする。

「それでは、お客様の受理番号（お客様番号）を650と入れてください。続けて351。確認番号として1を押してください」

「はい、押しました」

「確認画面が出てきましたでしょうか。ここでも確認のボタンを押してください」

これが還付金詐欺の手口の本丸だ。本来、「振り込み」は、相手に金を振り込むものだが、さも高齢者に振り込みをするボタンのように思わせながら、先のような手順を踏んでいく。しかもやつぎばやに指示をしてくるものだから、高齢者は表示された画面をしっかりと確認する間もなく操作させられてしまう。そして、63万3511円を詐欺師の口座に振り込まされてしまうのだ。

この手口では、「振り込み」というものが、誰から誰におこなうのか、わかりづらい点を巧みに突いている。たとえば待ち合わせで「駅の改札の右にいる」と言っても、本人の立っている方向が改札を背にして右なのか、改札を前にして右なのか、そこをはっきりさせないと混雑した改札口では双方が行き違いになって、なかなか会えないことになる。そうした相対的な関係を利用してのだまし方なのだ。

詐欺師にとって、もっとも重要なのは相手の残高を把握すること。それを悟られないようにするために、この他にも「左から数字を読んでください」と言い、読み上げた数字の一部を「個人番号」などと言いかえて入力させてくることもある。こうした手口で被害が広がったのだ。

詐欺師とは絶対気づかせない絶妙な言い回しとは？

「『携帯を持ってATMに行ってください。還付金の手続きをします』と言われたら、詐欺を疑ってください」

これは、よく耳にする注意だ。しかし、ここには詐欺師がウラをかいてくる落とし穴が二つある。

一つは、実際には詐欺師らは「還付金」という言葉自体を使わない。言い回しを微妙に変えて、私たちをだまそうとしてくる。「払い過ぎたお金を戻します」と、かみ砕いた、わかりやすい言葉で話す。

二つ目は、「携帯電話を持ってATMへ行ってください」と言えば詐欺に気づけるかもしれないが、多くの詐欺師はこんなことは言わない。先のような注意がなされているのは、詐欺師たちも重々承知しているからだ。

それゆえ「ATMにて直接、振り込みの操作方法をお教えします。ATMに着きましたら、表示されている番号に連絡していただけますでしょうか？」と言うのだ。こう言われると「携帯電話を持ってATMに行け」とは言われていないので、ニュースで聞いていた還付金詐欺の手口とは気づけず、多くの人がだまされてしまうのだ。

「還付金詐欺ではATM操作に不慣れな人がだまされる」という誤解

「還付金詐欺では、ATM操作に不慣れな人がだまされる」と言われる。それを聞いて、多くの中高年は「自分はATMを使っているから大丈夫だな」と思ってしまうかもしれない。だが、ここには三つ目の詐欺への落とし穴が待ち受けている。まさに三段落ちである。

月の中旬に、私がATMに向かうとかなり混んでいた。なぜだろうか？　25日や月末なら混むのがわかるが。列をなしている高齢者たちを見て「なるほど」と思った。

今日は15日の年金支給日である。

これだけの列になっているのは、おそらくATM操作に不慣れな高齢者ゆえ残高照会や引き出しに時間がかかっていたのだ。今、高齢者への年金は銀行への振り込みになっているゆえに、普段からATMを使って金を引き出している。「だから私はATM操作ができている」。その思い込みが危険なのだ。

「では、振り込みの手続きはおこなえますか？」と尋ねたい。

実は、引き出しには慣れていても、振り込みの操作をしていない人がほとんどなのだ。私だって、取引先に送金しなければならない時は、やり慣れていない操作のために手こずることがある。それによって後ろに列ができてしまうと、ますます焦ってしまう。通常の振り込みでも、高齢者が銀行の職員を呼んで操作方法を教えてもらっているのを見かけることもある。

引き出しや残高照会のボタンは使っていても、普段「振り込み」ボタンでの操作をしていないために、先のような還付金詐欺にひっかかってしまいがちになる。**「ATMはいつも使っているから大丈夫」という「できるつもり」「わかっているつもり」の心に、詐欺はつけ込んでくる。**

「果物を送る」と喜ばせてだまし取るフルーツ詐欺の甘いテクニック

詐欺師たちが奪うもの。それは当然、金である。それゆえ「詐欺」という言葉を聞くと「お金を取られまい！」と身構えるかもしれない。だが、その前に私たちはもっと大事なものを奪われている。それに気づくか否かが、だまされる人と、そうでない人の命運を握っている。


「もしもし、オレだけど」

息子をかたった人物から電話がかかる。

「おいしい桃が手に入ったので、明日、農園から送るね」

「ほんとうかい。ありがとう」

親は喜ぶ。

まもなくして、農園の業者から電話がかかる。

「送り先を確認させてください。ご住所をお願いします」

親は自らの連絡先を伝えてしまう。詐欺師は、こうして相手の住所を手に入れることになる。

再び、ニセ息子から電話がある。

「農園から電話はあった？」

「あったよ。明日、届くのが楽しみだね」

「そうだね。実は……、ちょっと困ったことが起きてしまって」

深刻な口調になる。

「どうしたんだい？」

「実は会社のお金を使ってしまって、それがバレそうなんだ。その分を穴埋めしなければ大変なことになってしまう。少し貸してもらえないかな？」

「どのくらいだい？」

こうして、親は金を出してしまう。

この「フルーツ詐欺」とも言える手口の巧妙なところは、「果物を送る」という話をして、親に嬉しさやありがたさを感じさせることで、ニセの息子の声であることに気づきにくい状況を作っている。それに、現代詐欺の特徴でもあるのだが、ある特定の地域に絞って詐欺をするピンポイントな手法が使われている。

まさにこの桃や梨を送る手口がそうで、福島県の人に「桃を送る」と言っても、あまり効果はない。しかし、桃が高値で手に入らない都市部の人だからこそ喜ぶのだ。それゆえに、この手口は都市部（首都圏）を狙っておこなわれている。今後も、「みかん」「りんご」などモノを送られた喜びという感情を加えてだます手口は、ピンポイントに地域を変えて起こる可能性は十分にある。

だますためには、いかに相手をウソの話のレールに乗せるのかが大事になってくる。そこで詐欺師らは、話の入り口をどうするかを常に考えている。そこで「旬の果物」を持ち出したのだ。ごく身近なものを題材にすることで、すんなりと詐欺の話へと誘導されてしまう。

フルーツ詐欺以外にも、「旅行会社の者ですが、オリンピックの入場券が手に入りました。よろしければ購入しませんか？」というオリンピック詐欺。「仮想通貨を買いませんか？今、１００万円分の仮想通貨を買えば2年後には倍になりますよ」と儲け話を持ちかける仮想通貨詐欺など、つい私たちが耳を傾けてしまうような言葉を口にしながら、近づいてくる。そして、この話に聞く耳を持つやいなや、会社員役、警察、弁護士役などさまざまな人物を登場させて、一気にだまそうとする。

つまり彼らは、金を取る前に私たちの「時間」を奪おうとしてくるのだ。オレオレ詐欺でも還付金詐欺でも、私たちの時間を奪われたら危険性が増大する。つまり、時間を取られないことが金を詐取されないことにつながるのだ。これを意識しているのと、しないのでは、詐欺被害に遭う危険度は格段に違ってくる。

「詐欺の時間」を奪われないためには「小さなウソ」をつくことも必要

だまされないためには、「時間」を取られない言葉を口にすることが必要なのだ。そこで私は、講演では「詐欺師や悪質業者のウソの話に乗らないために『時間がない』と言って電話を切り、訪問販売を断ってください。もし勧誘の電話がかかってきても『今、お客さんが来ているので忙しい』『これから急用があって出かけるので、お話はできない』と言ってください。〝時間がない〟という対応をすることで、相手は私たちから個人情報も聞き出せなければ、勧誘の話に乗せることもできませんから。一番いい撃退の文句です」と話している。

「〝時間がない〟で、詐欺を撃退！」と、わかりやすく短い言葉で注意喚起を促している。

私のこれまでの潜入経験からも、「忙しい」「時間がない」と言えば、相手は詐欺をするための時を私たちから奪えず、勧誘をあきらめざるをえなくなる。

この文句は、とても効果のある撃退のパンチだと思っている。

だが、講演をした時、ある高齢女性から予想もしない言葉が飛んできた。

「忙しくないのに、忙しい……と、ウソは言えないのですが」と良心の呵責を感じているのだ。

私は、想定もしていなかったこの質問に絶句した。

確かに、忙しくもないのに「忙しい」と言えばウソになる。

だが、息子のフリをして金を搾取するために詐欺師や悪質業者は「鞄に入れた小切手をなくした」「痴漢をして捕まっている」などと、悪質な大きなウソをついてくる。詐欺師から身を守るためには、こちらも「忙しいから話ができない」と小さなウソをつくことが必要になる。

今、警察がおこなっている「だまされたフリ作戦」もしかり。犯人逮捕のためには「だまされている」というウソをつきながら、詐欺犯らをおびき寄せて、待ち受けていた警察が逮捕する。せちがらい世の中だが、ウソにはウソを処方しなければならないのだ。

だが、高齢者の中にはこれまでウソをつかず、真面目に人生を送ってきた人が多い。そういう人は小さなウソをつくことにさえ、ためらいや抵抗が出てきてしまう。私はこうした高齢者の真面目さ、実直さの中に、詐欺師がつけ入る隙があることを痛感した。

この時、今叫ばれている注意喚起に盲点はないのか。もしあれば、真面目な高齢者はそこにつけ入られるのではないかと強い危機感を覚えた。

たとえば、「詐欺にだまされないために、日ごろから親との連絡をとっておきましょう」と言われる。親子の対話をして心を通わせておくことで、ニセモノの息子役の入る隙間をなくさせる。おそらく真面目な高齢者ほど、この言葉を「詐欺から身を守るための絶対的な対策」のひとつにとらえることだろう。確かに対策として有効なのだが、これは絶対ではないのだ。

「息子の声はわかる」という過信が詐欺師のつけ込むスキをつくる

「週に何度も親には電話をかけているので、オレの声はわかるし、オレオレ詐欺なんかにだまされるはずがないよ」

ネットの動画配信で、芸人さんの親に対して「劇場型のオレオレ詐欺をおこなってひっかかるのか？」という検証をしたことがある。その時、芸人さんはそう断言した。

私はこの時、息子役、警察役、弁護士役など詐欺をする役者さんたちの言い回しの指導や詐欺全体のストーリーの監修をした。

はたして、ひっかかるのだろうか。

芸人が見守る中、詐欺の電話がスタートする。

「オレだけど」

息子役の人物が電話をかけると、芸人さんのお母さんはあっさりとその声を息子と思い込み、「なんだい？」と答えてしまい、詐欺の話がどんどん進んでしまう。

「ちょっと困ったことが起きてしまって」

「なんだい？」

「実は、不倫をして子どもを作ってしまった。それで相手ともめていて」

「えー！」と親は驚き、金を払う方向に話が進む。

また別な芸人の親には「息子さんが痴漢をして捕まっている」と警察をかたって電話をしてもらうと、親は焦りだす。

「ようやく売れてきたのに……なんてことを」

自らの息子が芸人であるという情報までも、詐欺師役に発信してしまう。

「う、うっ……」

涙ながらに語る、痴漢されたという被害者役の女性が出てくると、親もまた涙声で「本当にごめんなさい」を繰り返す。最終的には弁護士役が出てきて、示談金の話に応じてしまう。もちろん稀に失敗することもあるが、ほとんどのケースでこのドッキリは成功した。

最後に、芸人がお母さんのもとに行ってネタばらしをする。母親はドッキリの詐欺の話と聞いて、安心する。

その時、息子である芸人が「なんだよ。しょっちゅう電話かけているのにオレの声じゃないってわからないのかい！」

突っ込みを入れるが、親にこれを言ってもなかなか難しいことなのだ。

というのも、電話では正確に息子本人の声として相手に伝わっていないことが多いからである。電波状態の良し悪しもあるが、一般の音声通話では上と下の音域は切ってしまって、真ん中の声の音だけが相手に伝わるようになっていると言われる。つまり、若干耳の遠くなっている高齢者には、本物の息子の声かどうかを正確に判別できる状況にはないのだ。

それに、今の組織的詐欺は進んでいて、地方の言い回しを熟知して詐欺をおこなうこともある。ある振り込め詐欺のアジトを摘発すると、「〇〇万円払わんといけん」という九州弁の詐欺マニュアルが見つかっている。地方の親に合わせた詐欺をおこなっている。

「自分は息子の声は聞き分けられる」と思っている人は多いのだが、本当にそうなのかをもう一度考え直してほしい。

息子に似たような声の人はいないだろうか。偶然にも、そうした人が電話をかけることだってある。そうなると、何の疑いもなく親は「なんだい?」と答えてしまうだろう。

「日ごろから両親と連絡をとっているから大丈夫」という息子側の安心と、「息子の声は絶対にわかる」親の側との思い込みの隙間に、詐欺師は入り込んでくる。

それに、ニセの息子からの電話を見きわめるために「家族で合言葉を決めておきましょう」と言われる。息子を名乗る人物から電話がかかってきたら「ペットの名前は?」「思い出の旅行先は?」と尋ねて、事前に決めておいた答えを言わせる。その答えを言えたら、本物の息子と判断して会話を続けるというものだ。これは、身を守るための方法として大事なことだが、絶対にだまされないためのセーフティキーではない。やはり、盲点は存在する。

定番の「息子」ではなく孫、甥にずらしてきた新型詐欺

70代の高齢の夫婦のもとに〝孫〟をかたる男から電話がかかってきた。その窮状を心配して、夫婦で京都から熱海へと向かい、現れた孫の知人に300万円を手渡している。このように、**息子になりますのではなく、登場人物を変えて孫をかたってくるのだ。これが〝甥〟ということも多い。高齢になればなるほど孫や甥の数は多くなり、すべての身内の声を聞き分けられるはずもない。この点を突いてくる。**

なかには、自宅に孫をかたる人物から「仕事の書類の郵送先をまちがえた」という電話がかかり、それをきっかけに80代高齢の夫婦と40代の息子の家族3人が、本物の孫からの電話だと思い込んでしまい、自宅に来た部下を名乗る男に600万円を渡してしまった事例もある。

詐欺師は「家族で合い言葉を決めておきましょう」だけでは、カバーできない点をつくる。長年言われ続けてきた詐欺の対策には、どこかほころびができてくるものだ。そのことを踏まえた上での対策を施さないと、逆に被害の拡大を許してしまうことにもつながりかねない。

実直な高齢者ほど、「『ATMからお金を振り込んで』と言われたら、それは詐欺です」という詐欺対策を、被害を防ぐための重要なキーワードとして心に強くインプットしていることだろう。

ところが、詐欺師らはターゲットの高齢者と話す中で「この人は『ATMからお金を振り込んで』の言葉を使うと、詐欺と思う危険性があるな」と思うと、「お金を宅配の荷物に入れて郵送してください」や「今からお金を取りに行くから100万円用意しておいて、家で待っていてくれるかな」など、別の方法を指示してくる。これを聞いた高齢者は、「ATMからお金を振り込むわけではないので、これは詐欺ではない」と思ってしまい、相手の要求に応じてしまうことになる。つまり「ATMからお金を振り込んでと言われたら、それは詐欺」という注意喚起だけにとらわれていると、逆にきわめて危険な状況に陥ってしまうのだ。

では、新たに「宅配でお金を送るのは詐欺」「現金を要求するように言われたら詐欺」などの標語で注意喚起すればいいのではないか、と思う人もいるだろう。だが、近年は先に述べたようにコンビニのレジでプリペイドカードを購入させる手口も出ている。

つまり詐欺師が「〝お金を用意して〟と言うと、詐欺と疑われる」と思えば、「コンビニで購入したカードの裏面にある番号を電話で教えてください」と言って、金を搾取する方法をとる。こうなると、現金を直接に渡しているわけではないので、相手はこれまた詐欺とは思わず、すんなりとその指示に応じてしまう。このように、常に詐欺は注意や対策の背後を突いて、やってくるものなのだ。

最近では、コンビニの収納代行サービスを利用することもある。これは、事前に「支払い番号」を伝えておき、それをコンビニに置いてある専用端末に入力させ、そこから出てきた支払い用紙をレジに持って行かせて金を払わせる方法だ。レジで金を払ったあとに領収書をよく見るとオークションの商品落札代金になっていたり、チケットの購入になっている。

だまされた人は訳もわからず端末機器の操作をさせられて、金をだまし取られてしまう。中には高齢者ゆえに操作方法がわからず、コンビニの店員に操作を手伝ってもらい、金を送ってしまったケースもある。支払いが演歌歌手のチケット代金などになっていたら、店員はそれが詐欺かどうか見抜くのは難しい。

では、コンビニ店員に注意の指導をもっと徹底的にすればいいではないかと思うだろう。問題は、そう簡単ではない。長くコンビニの店員をしているベテランなら見抜ける余裕があるかもしれないが、最近は外国人店員も増えており、入ったばかりの人で煩雑なコンビニ業務をこなすのに精一杯の人もいるだろう。そうした人たちに業務内容の他に詐欺対策を周知徹底させることは、実情、なかなかに難しいところもあるのだ。

「金がなければ借りさせればいい」が最近の詐欺師の非常識な常識

「300万円の情報料金は前払いですか? 後払いですか?」

「競馬の的中情報を提供する」というサイトに登録して数日後、「料金を払えば、必ず当たる競馬の着順を教える」という電話が男からかかってきたので、尋ねた。

「基本的に前払いです。そのつど契約書面を出して取り交わします」

私があまりの高額な契約に躊躇していると、男は説得にかかる。

「お金を貯める目標は人それぞれです。『マイホームのローンの支払い』『借金の返済』『会社をおこしたい』などです。多田さんが、お金を稼ぎたい目的は何ですか?」

「目標ですか……これから先の生活が楽になりたい、ですかね」

「なるほど、今のお年ですと、老後の生活はとても不安になりますよね、国の年金も少子化が進むこの時代に、あてにできませんしね」

「ええ」

「老後の生活では、6000万円ほどなければ安心ではないと言われています。それだけの貯金が現在ありますか？」

「いいえ」

「そうですか。現在、車や家のローンの支払いはありませんか？」

「いいえ、車は持っていませんし、家も賃貸です」

「何も資産を持っていないのですか！」

業者の口調が急に強くなった。

「多田さん、自分の老後について真剣に考えているのですか！　貯金もなし、資産もなしで、これからの将来設計をどう考えているのですか！　お金がないっていうのは、これから先、大変なことですよ」と怒られた。

「真剣に、今後の人生設計について考えましょう！」

ここが、彼らの手口である。相手の心に寄り添いながら、「あなたのことを真剣に心配しています」「一緒に将来に向けての資金作りを考えましょう」と、まるでやり手の保険や銀行の営業員のような口ぶりで迫ってくる。あまりの親身な態度にほだされて、コロリとだまされてしまう人は多い。要は、競馬の絶対に当たる情報に投資をして老後の資金を貯めていきましょうということだ。

「でも、そもそもお金がないので情報料金など払えませんよ。300万円がない人は、どうすればよいのですか？」

「ご安心ください。当社には自己破産や闇金に金を借りているなど、さまざまな人がいます。お金が事前に払えない人へは、そのつど相談に乗っています。たとえばカードのショッピング枠に余裕があれば、それで何かを買い、それをお店に持って行き転売してお金に替えて納めていただくなど、いろんな方法をお教えします」

男はクレジットカードの現金化などの手段を提案するなど、借金をしてでもこの情報料金を払うべきだというのだ。このように「金がなければ、金を借りさせればよい」というのが、現代流詐欺の発想なのだ。

「金がない者」こそ詐欺に巻き込まれるカラクリ

「これまで詐欺に遭ったことはありませんか？」

テレビの街頭インタビューで尋ねると、多くの人は「ないない」と手をふって、通り過ぎていく。中には「私なんか、お金がないからだまされるわけないわよ！」などと、高笑いをする人もいる。

確かに、私が詐欺や悪質商法への潜入取材を始めた2000年代初めは、この常識は有効だった。

当時、私は「キャッチセールス評論家」を名乗っていた。というのも、渋谷の街には、200人を超えるキャッチがはびこり、街を歩いている人を店舗内へと引き入れるキャッチセールスの被害が多発していたからだ。その種類もさまざまで「手相を見ています」「生活意識調査のアンケートをしています」と自己啓発に誘う集団から、「絵を見ていきませんか？」と誘って高額な絵を販売する、俗称「エウリ（絵売り）アン」と呼ばれる女性たち。「ちょっと、キレイになってみませんか？」と、お試しの体験を勧めるエステ業者もいる。そこに女性を風俗アルバイトに誘う人や、宗教の勧誘も入り乱れて、町を歩くのも億劫なありさまであった。当時、大都市の繁華街を歩いていて声をかけられなかった人は、まずいないのではないだろうか。

なぜ、こんなにもキャッチが横行したのか？

それは、契約を取りつけるのにとてもやりやすい勧誘方法だったからだ。

私は今でも、もっとも効率よく金を取れるのはキャッチセールスだと思っている。事前の準備なしでポン！　と街頭に出て、人を勧誘場所に引っ張り込めればいいだけだからだ。これが電話での勧誘だと、これほど簡単にはいかない。まず電話をかける相手のリストを手に入れなければならず、名簿ありきでのスタートとなる。この時点でリストを手に入れる手間に、電話をかける場所、通話代などがかかる。

それに比べてキャッチセールスは、人を呼び込める勧誘場所さえあれば経費をほとんど発生させずにすむ。最大の利点は、現金を即手に入れられることだ。電話だと、後日、本人と会い、契約をしてクレジットや銀行から金を振り込ませるなどの支払い方法を取り決めるが、キャッチだとそれがいらない。連れ込んだ先で契約後に手元に持っていた金を出させればいいし、街中にはたくさんの銀行があり、すぐに現金をもって来させることもできる。

だが、これだけのキャッチがいるために、通行人を誘うための食い合いが起こる。いかに金を持っている人を街頭から探し出し、ゲットできるのかが問われることになった。彼らは歩いている人の中ら貯金を持っている人、長年働いていてローンを組みやすい人といった「宝」を見つけようとした。

そのために、ひたすらに数多くの人に声をかけて、仕事内容や貯金の有無を把握しようとする。「へたな鉄砲数打ちゃ当たる」の状況だった。当時は銀行の振り込みだけでなく、現金を社員やアルバイトに手渡すケースも多く、月末や25日ごろの給料日近くになると懐に現金を持っている人は多く、ますますキャッチセールスたちは獲物を狙う鷹の目となっていた。

こうしたことから、キャッチをはじめとした悪質業者を追い払うために「お金がありません」という言葉は有効だった。業者は金がない相手に物を売りつけられないし、金も取れない。

実際に、私がある絵画の展示即売会場に連れて行かれて、「職業はなんですか？」と尋ねられて「フリーターです」「貯金がなく、持ち合わせの金もない」と答えると、私を「この貧乏人が！」と言わんばかりのさげすんだ目で見ながら、「ご自由に店内をご見学ください」と、何の勧誘もされないまま店内に放置されたこともある。街頭でも「借金だらけのお金のないアルバイターです」と言ってみると、キャッチたちは「ありがとうございました」とうわべだけの笑顔を見せて、すぐに去らせてくれたものだ。

しかし、近年は状況が大きく変化している。

「芸能人の死」に便乗する卑劣な詐欺メールの舞台ウラ

もし今も「取られるお金なんてないから、だまされることはない」と思っていれば、まちがいなくカモられる。おそらくみなさんのところにさまざまな迷惑メールがやって来て、日々削除の処理をするのに困っているに違いない。

とくに「遺産として1億円を差し上げます」といった「お金をあなたにあげますよ」というメールが多い。

私のもとに「夜分すみません。肺ガンになりました（ステージ4）」というタイトルでメールが来た。

〈突然の発表となりますが、私、肺がんになってしまいました。「ステージ4まで進行している」と告知されました。5年後の生存率はわずか4・3％との事です。まだ、生きる事を諦めてはいません〉

深刻な言葉がつづられていた。ただし、後半はいつもの文面であった。

〈しかし、万が一を考え、このたび『10億円の現預金』の大部分を希望される方に財産分与する決意をいたしました。受け取りを希望される方は、今すぐ以下よりエントリーしてください〉

財産分与のエントリーなどと言って、悪質な出会い系サイトに登録させようとする手段だ。実はちょうどこのころ、歌舞伎役者の市川海老蔵さんの妻、小林麻央さんの乳がんによる闘病生活が話題となり、その後、死去のニュースが流れた。

それに便乗した悪質なメールである。

私はこれまでに、この手のメールの誘いにたびたび乗ってみている。相手に「お金が欲しい」と連絡を取ると、「現金を受け取るには、まず手数料を払ってください」と言われる。それで1万円ほどをサイトでのポイント購入の形で払うも、後日連絡があり、「あなたはお金を受け取る審査に落ちました」などと言われて金は受け取れない。

愕然としているところへ、さらに「もっと手数料を払えば、受け取り権利が得られます」というメールが届く。再び金を払うも、またもや審査に落ちてしまう。これが延々と繰り返される。つまり、金をだまし取られることはあっても、現金をもらえることは絶対にないのだ。

当然のことながら、お金持ちならこんな話に関心を示さない。こうした話に乗ってしまうのは「お金に困っている、お金が欲しいと思っている人」なのだ。つまり、この詐欺メールはさほど金を持っていない人からでも、手元にある数千円、数万円だけでもだまし取ろうとするものなのだ。

警察庁の発表した特殊詐欺の統計を見ても、それがうかがえる。

平成26年以降、年々被害金額は減っているのに被害件数は増えている。つまり、1件あたりの金額が下がっている。このことから、詐欺師たちは金をたんまり持っている人だけでなく、それほど持っていない人からも広く浅く金を搾取しようとする傾向が見えてくる。

金を持っている人から金を取る。これは誰にでも考えつくことだ。詐欺師たちの考えは、その逆をいく。金がないからこそ、相手をだませると考える。ゆえに、今は「私はお金を持っていないからだまされない」という考えは、捨てたほうがいい。

不況と言われる時代が長く続いたために、多額の貯金を持っている人は少なくなり、逆に金をさほど持っていない人のほうが大多数になっている。詐欺師の側も十分にそれがわかっていて、浅く広く金を集める手法にもシフトチェンジしているのだ。

金のない若者が格好のカモにされる本当の理由

「金がない」は、もはや断り文句にはならないどころか、極端なことを言えば、今は「金がない人だからこそ、詐欺や悪質商法に狙われている」状況になっている。

「友達になってください」

ＳＮＳにある人から友達申請が来る。見ると、美男美女の異性の写真が載っている。いい出会いがあればと思い、友達の申請を許可する。ある時は、それが昔の同級生ということもあるだろう。

しばらくメッセージのやり取りをしていると「ぜひ、食事でもしましょう」と言われる。そこで相手に会うと、喫茶店などで〝ビジネスで儲かった先輩〟などを紹介されて「儲かるセミナーがあるので、参加してみないか？」と誘われる。学生ゆえに、さほど金がない。それに、SNSなどの情報でアルバイト生活をしていることなどが知られており、その「お金がほしい」という気持ちにつけ込まれる。そして「少しでもお金を増やしたい」と軽い気持ちから勧誘場所へ赴き、話を聞いてしまう。そこでは、健康食品の販売や投資関連のビジネスを通じて、自分の知人、友人を販売組織に参加させることで、より多くの金を手にできるビジネスを紹介される。

「このビジネスは絶対に儲かりますから、一緒にやりましょう！」

これは、悪質なマルチ商法の勧誘であることがほとんどだ。事前に勧誘の目的や会社名なども告げられずに、誘い込まれている。

このシステムに参加するには、数十万円を超えるような金がかかるようになっている。しかし、若者にはこれだけの金の持ち合わせがないので、断る人も出てくるだろう。

「お金がないので、契約はできません」

だが、こうした話の展開になるのは悪質業者は想定ずみなのだ。

「今は簡単にお金が借りられるんだよ。みんな借金して始めたけれど、儲けているよ。今すぐにやっていこうよ！」

そう言って、消費者金融などで金を借りるように仕向ける。しかも、ごていねいなことに、隣のビルや階下のフロアなどにそうした場所がある。というのも**業者は相手に金がないことがわかっているので、金を借りられる場所の近くで話をしているのだ。20歳を過ぎた若者や学生は、金もないが、悪質商法への社会経験もないために、こうした言葉に誘導されがちになる。**

金のない若者に対しては、オレオレ詐欺のように一度に数百万円の高額な金を取ろうとするのではなく、数十万円単位の金を払う勧誘を口コミで広げて、×10人にして、ある程度のまとまった金を手に入れるという発想で考える。これであれば、金のない人からでもある程度まとまった金を詐取できる。２０２２年には18歳に成人年齢が引き下げられる。そうなると、数多くの「金のない」若者が悪質業者に狙われることになってしまう。より早い段階でだまされないための若者への教育は急務になってきている。

「お金がない」が詐欺集団に取り込まれる理由とは？

振り込め詐欺にとって、重要な役回りのひとつに、だました相手から現金をいかに回収するかがある。これがうまくいかなかったら、それまでの詐欺の労力はすべて無駄になるからだ。

今は、直接だました相手から金を受け取る「受け子」や、カードをだまし取った上でATMから金を引き出す「出し子」を使うことが主流になっている。ただし、いずれも警察に逮捕されるリスクが高いために、常に人を雇い入れなければならない。

ゆえに、振り込め詐欺に関連すると思われる求人募集がネットのそこかしこに載っている。

年末のテレビ番組にて、私も同席しながら芸人さんにネットに巣食う闇バイトの存在の実情をルポしてもらった。高額な金を手にできるという掲示板に、こんなことが書かれていた。

〈都内にて、仕事あります。年齢不問、やる気のある方！　その日その場で、高収入を手に入れてみませんか。1日30万~50万円稼げます。もちろん、案件のでかさによっては、1日100万稼ぐなんてざらです。その場での現金支払いです。まずは、お電話ください〉さらに「今の行き詰った人生を変えるのは、あなた次第です」とも書かれている。

そこで、芸人が掲示板に載る番号に電話をかけてみた。

電話口には、しっかりと受け答えをする男性が出た。年の頃は30歳前後くらいだろうか。仕事内容を尋ねると、開口一番、男は「受け子やっています」と答える。

「受け子とは、何ですか?」とわからない様子で尋ねると「荷物を取りに行ってもらう仕事になります」と答える。

「荷物というのは現金です。取りに行った現金の10%を給料として渡します。受け取りに行ってもらう現金の相場は300~500になりますね」と、悪びれる様子もなく答える。

「何の現金なのですか?」

「S系のお金・ブラックなお金だね」という曖昧な言い方で答えてきた。

「S系とは、詐欺系ってことですか?」と尋ねると、はっきりと男は「そうですね」と答える。

このように、多くの場合、募集の段階で詐欺に加担することを告げているが、こうしたやり取りは音声として残らないので、受け子として警察に捕まった人たちは「荷物の中身は知らなかった」などと答えてくる。

「捕まったりしないのですか」と尋ねると、男は逮捕されるリスクはあることを話した上で、「こちらでも最大限のリスク回避はやっているので、安心して仕事をしてほしい」という。

「どのようなリスク回避なのですか？」

「見張りは2人つけるようします」

見張り役とは、ターゲットにした高齢者のあとをつけて捜査員がいないかを確かめる仕事だ。

「張り子（見張り役）の日当は1万円です。それに対して受け子は、成功報酬になります」

その場での現金支給になるという。受け子に比べて、張り子の金額はきわめて少ない。リスクに応じた金額を支払うようにして、詐欺をやる側のモチベーションを高めているのだ。

「仕事は、月曜から金曜までの平日しかできないので、毎日毎日、現場があるわけではありません。週に1～2回、多くて3～4回です。５００万円なら10％の50万円が手にできる。プラス交通費で2万円くらいですね。大口になると１０００万～２０００万円の案件もありますね」

「お兄さんはどのくらいもらっているの？」

「自分は、体張っているわけではないので1万5000円」

もちろん、こんな仕事をするつもりはないが、芸人がわざと迷った様子を見せると、男は煮えきらない態度にいら立った様子で「詐欺をやる気がないなら、しなくていい。やる気があれば電話をしてくれ」と言って電話が切れた。強気で電話が切れるのは、この種のアルバイトをする人がまだまだやって来る見込みがあるからであろう。

詐欺組織が「未成年」を雇い始めたウラ事情

とくに今は、詐欺組織が未成年を雇うケースが増えてきている。

だまし取ったキャッシュカードでATMから金を引き出した「出し子」の容疑者として、警察が防犯カメラの映像をHPで公開した。

すると、中学2年生の女子が出頭してきた。

本来、未成年者は少年法で守られており、映像などは公開できないことになっている。

その点について警察は「20代と考えた」と説明するが、少女の写真はすでにネット上で拡散しており、今回の公開に対して多くの有識者から非難が集中した。

警察も、未成年を利用する犯罪が多いことを考えれば、これまで以上に公開に慎重にならざるをえないだろう。

詐欺組織はこうした「公開捜査」による逮捕のリスクを減らすために、未成年を使っている節がある。

また、老人ホームの入所権利をめぐって「トラブルが起きた」などというウソの話で、高齢の女性から1000万円をだまし取った疑いで、17歳の少女と高校生の少年が警視庁に逮捕されている。

少女はSNSで「稼げる仕事」という情報を見て応募して、5万円の報酬を受け取っていた。ネットを通じて、詐欺に簡単に加担しやすい状況が広がっている。

なぜ、犯罪組織は未成年者を狙うのか？　それは、何といっても悪事に利用しやすいからである。未成年は社会的な常識が希薄で罪の意識が薄い。また、上からの命令に反論しないので、指示に従わせやすい。それに、安い金で雇えることもあるだろう。それに、本人たちが応じてしまう一番の理由は「お小遣いが欲しい」と思うところが大きい。

70代の男性宅に甥を装って電話をかけ、100万円をだまし取ったとして少年2人が逮捕されているが、その犯行理由は、彼女とのデート費用やスキーに行く旅行代金が欲しかったというものだった。実に軽い気持ちで詐欺に参加していたのだ。

さらに、学生時代の友人関係から誘われるケースも目につく。

中学時代の同級生らに「銀行口座をつくれば、5000円で買い取る」などと声をかけて高校生6人に銀行口座をつくらせ、通帳やキャッシュカードを犯罪組織に譲り渡したとして、大阪府警により男子高校生が逮捕されている。

この口座はアダルトサイトの詐欺に利用されていた。

高齢の女性から300万円をだまし取ったとして、高校3年生を含む男性2人が詐欺容疑で警視庁により逮捕されているが、この男子高校生は「受け子」を勧誘するリクルーター役で、甲子園出場をしたことのある野球部員らに「金になる仕事がある」と声をかけて、受け子を募っていたという。このように、運動部の上下関係や強い仲間意識を利用して、詐欺への加担を促すこともある。

これまでの「だまされない常識」が一番危なくなってきた

ここ数年来、オレオレ詐欺の被害がほとんどなかった沖縄でも、被害が発生している。

高齢男性から現金をだまし取ろうとしたとして19歳の少年が逮捕されているが、この少年は「受け子」として、わざわざ大分から沖縄に来ている。そうかと思えば、その逆もあり、沖縄などの遠方から上京して、関東県内で詐欺をおこなうこともある。

このように、最近は受け子を地元では調達せずに遠方から呼び寄せるのだ。

もはや詐欺は全国のいたる所で起きており、自分の子どもが東京などに遊びに行ったと思っていたら実は犯罪行為に加担しているということも十分にありえる。どんなに遠くからでも、詐欺組織はスマホひとつで未成年を操れる恐ろしい時代なのだ。

子供がこそこそ部屋で何かをしている。ひと昔前はエロ本を見る程度だったかもしれないが、今では犯罪に加担する連絡を受けているかもしれない。

しかもこわいのは、一度でも詐欺に加担すると、詐欺犯らは繰り返し子どもらに犯罪の声をかける。もしやめようとしても「犯罪行為を親にばらす」と脅したり、なだめすかして、悪事に加担させ続けるのだ。子どもたちは、自らだけの力では降りかかった火の粉を振り払えないことも多い。

詐欺師たちは、世の中の流れに逆らって考える（GO UPSTREAM）の発想に長けていることを述べたが、まさにここにも当てはまる。**詐欺師らは、金をだまし取る前に未成年者を言葉巧みにだまして、「受け子」として囲い込もうとするのだ。そして、まるで彼らをATMやプリペイドカードのように利用して、捕まれば捨てるのだ。**

詐欺師たちに操られているのを防げるのは、やはり親などの周りの人たちの目しかない。「金がないからだまされない」という従来の考え方は、大人自身の側からなくさなければならない。

「スライド」や「リバース」をもとに、さまざまな詐欺師の手口や発想を見てきたが、これは詐欺から身を守るための対策にも応用して考えてほしいことである。これまでだまされないための常識として言われてきたことや、詐欺対策として有効だと言われてきた鉄板事項も、ウラをかかれてしまう可能性はないかということを。盲点を突く詐欺師たちの発想を見抜かなければ、今後も被害の増大を許してしまうことになるのだ。

第4章

人が詐欺・悪質商法に「巻き込まれる」とき

だまされるのは、一人暮らしの高齢者だけじゃない
同居家族を狙う訪問販売の手口

「試食をしてもらえませんか？」

「食べるだけでもけっこうですから」

果物を販売する業者が家にやって来た。柔和そうな表情から、家人はつい業者を玄関に招き入れてしまう。

「これはとってもおいしいんですよ」

業者は持参してきた果物をナイフで切りながら、試食してもらう。

「お味はどうでしょうか？」

「おいしいですね」

「もうひとつ、どうぞ」

「ありがとうございます」

「もしよろしければ、買ってもらえませんか」

ただで食べさせてもらったという思いとともに、果物なのでたいした金額ではないだろうという思いから「そうですね」と、家人は軽い気持ちで同意する。

「ありがとうございます！　販売は1箱単位での購入となっています！」

業者は言い出す。

「ええ！」

ここで使われているのは、「フット・イン・ザ・ドア」というテクニックだ。「ちょっとだけ」と言って相手から軽い同意を取りつけておき、少しずつ心の扉を開かせながら、最終的に大きな要求を突きつけていく。

驚く家人に「お願しますよ」と、にじり寄る。

「お、お値段は？」

「1万8000円になります」

相場よりかなり高い金額を提示する。

「買ってくださいよ」

業者は購入するまで玄関先をテコでも動かないといった様子で、居座り始める。

根負けして、家人は購入してしまうことになる。

もしここで「いりません」と言ったとすれば、まちがいなく相手は「仏の顔」から「鬼の形相」に急変して、「買えよ！」と声を荒げるだろう。子どものいる家族などは面倒なことに巻き込まれたくないゆえに、渋々購入に同意することになる。

過去には、これが魚の販売ということもあった。

「味見をしてください」

訪問販売の車がやって来る。

業者は家の玄関に上がり込むと、魚に包丁を入れて切り身にして試食させる。

「どうでしょうか？」

「おいしいですね」

「ありがとうございます！　いかがでしょうか？」

「少しだけなら、買おうかな？」

「すみません。それはできません。カツオを丸ごと一本買ってください」と迫ってくる。

断ろうにも、相手は買うまでは玄関先からは動こうとはしない。それに、男の横には刺身包丁が置いてある。それをチラチラ見ながら話されたら、恐怖心から購入してしまうことになる。

実は果物の試食訪問販売も同じで、まな板の近くにナイフを置いておく。その状況で話されたら、相手に何をされるかわからない気持ちになる。これが悪質商法の心理術である。

だます側は、相手に買わざるをえない状況をつくるのがとてもうまい。こうした空間にはまってしまうと、人はだまされるのだ。この手法では、一人暮らしの人もさることながら、家族暮らしの人のほうが「家族がいるんでしょう。みんなの分も合わせて、買ってくださいよ」とも言いやすく、売りつけやすい。

以前から被害の多いカニなどの海産物を勝手に家へ送りつける「送りつけ商法」も、そうだ。宅配で商品が届く。それを受け取る家人に、宅配業者は「この商品は、代金引換えになっています」と言う。それを聞いた人は「家族の誰かが注文したのだろう」と思い、1万円ほどの金を払ってしまう。しかしあとで家族に尋ねてみるが、誰も商品を注文していなかった。販売業者に連絡をしても電話は通じない。今は通信販売でものを買うことが当たり前になっているだけに、こうした形で被害に遭ってしまうこともある。

ここ数年、一人暮らしの高齢者に対しては、詐欺被害の多発により、私たちは目を配るようになってきた。それに対して、家族で住んでいる人には、案外警戒の目が手薄になっている。悪い連中たちは、そこにつけ入ってくる。まさに私たちの思惑のウラを突いてくるのだ。

出かけた息子を装って500万円を抜いていく間隙詐欺の手口

「もしもし、オレだけど。困ったよ」

朝8時ごろ、早朝出かけたはずの息子の声で高齢女性に電話がかかってきた。

「どうしたんだい?」

「さっきタクシーに乗った時に、1500万円の契約書の入った鞄を置き忘れてしまったんだ。今すぐにお金を工面して、取引先に持って行かなければならないんだ。申し訳ないけど、500万円を貸してもらえないかな? あとで返すから」

それを聞いた母親は、銀行で500万円を下して、家にやって来た会社の関係者に金を渡してしまったのだ。おそらく母親は、息子は夜には自宅へ戻ってくる。「その時、お金を返してもらえるだろう」と考えたのかもしれない。しかし、家に帰ってきた息子に尋ねると、そんな電話はしていないという。ここで詐欺が発覚した。子供と同居していてもだまされることは十分にありうるのだ。

この手口では、犯人側の用意周到さがうかがわれる。事前に、息子が出社する時間を把握して、朝早くに電話をかけて、息子が家に戻るまでの時間で犯行をしている。ちなみに、高齢者の在宅率の高い早朝から午前中にかけて詐欺の電話がかかることが多いことも忘れてはならない。

「一人暮らしの高齢者は詐欺や悪質業者に狙われやすいので、気をつけてください」と、警察や公的機関が絶えず注意を促している。それゆえに、それを聞いた家族と同居している高齢者は「自分は大丈夫」と思ってしまう人も多い。だが、そうではないのだ。

「会社の監査でお金の計算をしているが、2000万円ほど合わない。なんとかしてもらえないか」

都内に住む70代女性のもとに、息子を装った電話がかかってきた。そして、呼び出された先で2000万円を手渡してしまった。同じ敷地内に息子が住んでいたにもかかわらずである。しかもこの女性は資産家で、金を持っていることが知られてしまったため、その日のうちに、さらに8000万円をだまし取られている。

「息子と同居している」といっても二世帯住宅で、朝晩くらいしか顔を合わせなかったり、同じ敷地内に別々で居を構えて暮らしている人もいる。働き盛りの人は、仕事が忙しくて親とコミュニケーションが取れないことも多い。

高齢の親は「自分は息子が近くにいるから大丈夫」と考えて、見守る子どもの側も「自

分がそばにいるから、すぐに詐欺に気がつける」と思ってしまいがちで、そこに隙が生まれてしまう。近すぎるゆえの盲点ができてしまうこともあり、そこを詐欺師は狙ってくる。

「家族に迷惑をかけたくない」心理を突いた詐欺業者の卑劣テク

「2本で1000円」

アナウンスを流しながら物干し竿の移動販売車が回っている。店からもの干し竿を買ってくるのは手間だし、配送を頼めば、それなりに金もかかる。

「すみません!」

女性は、車を呼び止めた。

もちろんまっとうな業者もいるが、そうでない業者も存在する。なかなか外見からだけでは判断しづらいものだ。

女性が家に招き入れると、業者は物干し竿のカタログを見せてくる。

「どれがよろしいですか?」

女性が2000円ほどの商品を2本選ぶと、業者は「ありがとうございます」と言って、物干し竿を設置する。

そして、請求金額を提示する。

「2万円になります」

「えッ！　1本2000円ではないのですか！」と尋ねると、業者は首を横に振る。

「それは50センチメートル当たりの金額です」

そこで「やっぱりいりません」と断ろうとしても、「もうすでに、あなたの物干し台に合う長さに竿を切ったので、今さら返品はできない」と凄んでくる。

この威圧的な態度に、女性は恐怖する。

というのも、すでに家を知られてしまっており、もし強気で追い払ったとしても、あとから業者から何をされるかわからない危険もある。家族世帯であれば、なおさらだ。子どもの顔が思い浮かび、その場を穏便にすまそうとする。これが悪質業者の狙いでもある。ゆえに、泣く泣くお金を支払ってしまう。家族思いの人ほど、この種の強引な訪問販売でやられてしまう。

一人暮らしの高齢者には、周りに相談できない状況につけ込んでだまし、家族世帯には、守りたい人たちの顔を思い浮かべさせて、金を払わせようとする。詐欺師は、ターゲットにした人の状況に合わせた攻め方を考える。つまり、だまされない環境にいる人は誰もいないということである。

最近の詐欺師の「柔の手」「剛の手」の巧みな使い方

「私はだまされない！」

詐欺事件をニュースで見聞きしながら、こうした自信を持つ高齢者も多い。その理由を尋ねると、もし息子から「お金を貸してほしい」と電話で言われても「息子本人にしかお金を渡すつもりはないから、私は詐欺にはひっかかりません」と断言する。

だが、これがかなり危ない考え方なのだ。

北陸地方に住む高齢女性のもとに、息子をかたったオレオレ詐欺の電話がかってきた。詐欺とは気づかない女性は金を持って、新幹線で上京してきた。待ち合わせ場所に行くと、息子の代理という人物がやって来た。

「お金を代わりに受け取ってほしいと、息子さんに言われている」と、その男が言うも、女性は頑として受けつけない。

「息子に会うまでは、お金を渡しません」

じっと待ち続けた。日が落ち始めて、夜が近づいてくる。

しかし、息子はいっこうに来ない。すると、女性の心にある不安がよぎる。家には介護を必要とするダンナが待っている。東京から家に帰るには2時間以上はかかる。

「このまま東京にいるわけはいかない。早く家に帰らなければ……」

焦る気持ちが募ってくる。

ついに、女性は折れた。

「息子に絶対に渡してくださいね。お願いします」

女性が金を渡すまいと思っていても、じっと詐欺師は待ち続け、こちらの根負けを狙ってくる。これは柔の手口だが、剛の手口で、やってくることもある。

息子から「急にお金が必要になった」と電話で言われて、中年女性は数百万円の金を持って待ち合わせ場所に赴いた。すると、息子の代わりという人物がやって来て、金を渡すように迫る。この女性も「息子本人が来るまで渡しません」と毅然とした態度をとった。すると、息子の代理の男はその現金の入った鞄をひったくって、逃走したのだ。

いずれのケースでも、詐欺師の心理として、目の前に多額の現金があるのにあきらめるはずがない。ひったくられた女性は転倒して、ケガまでしている。このような金の入った袋を強奪される事例は他にもある。

過去には、息子を装って電話をする「アポイント電話」（アポ電）をかけて、家に金を用意させたうえで、親に「外で会おう」と呼び出し、窃盗をする〝アポ電空き巣〟や、最近では、息子を装って事前に電話をかけ、金がどれくらいあるかを把握してから、家に押し入る〝アポ電強盗〟も発生している。

ゆえに、「お金は直接息子に渡すから、だから私は被害に遭わない」といった安易な考えは捨て去らなければならない。

サポートセンターの番号表示を装うウィルス感染しました詐欺の手口

「ビービービー」

パソコンから警告音が鳴り響き、画面には「あなたのパソコンがウィルス感染しています」「セキュリティの問題が発生しました」といった警告メッセージが表示される。

「動画サイトを見ようとしていただけなのに……」

突然の出来事に、利用者はあわてだす。さらに「あなたのパソコンをロックする」という自動音声のアナウンスが流される。画面を見ると、「03」から始まる大手ＩＴ企業のＭＳ・サポートセンターの電話番号が載ってるではないか。

「ああ、よかった」

そこで、電話をかけてみる。

「こちらは、MS・サポートセンターです」

片言の日本語を話す外国人の女性オペレーターが出てくる。さすが、大手の企業である。海外のコールセンターでの対応をしているようだ。

「どう〜しましたかあ?」

「ウィルスに感染したようで、警告音が鳴りました」

「わかりました。それではパソコンの状況を確認しますので、これから言うように操作をしてくださいよ。ウィルス感染があるかないかを調べます」

「まず、キーボードの下にある『ウィンドウズ』のマークを押しながら、アルファベットの『R』を押してください」

「はい。押しました」

すると、「ファイル名を指定して実行」の項目が出てくる。「そこにまず、アルファベットの『A』を入れてください。次に『C』……」と指示していく。

相手の指示どおりに入力して操作していくと、最終的に遠隔操作されてしまうソフトをインストールさせられてしまうのだ。そして、相手はこちらのパソコンをリモートコントロールしながら、マウスのポインターを勝手に動かして、画面上に赤い○を書き込むなどして、不安感を煽ってくる。

「勝手にカーソルが動いています！」と言うと、「安心してください。あなたのパソコンは、当社の安全なサーバーに接続しました」。

パソコンのコントロールパネルを勝手に開き、カーソルで、「停止」部分を差し示しながら、「これはウィルス感染している証拠で、パソコンが停止しています。このままだと、パソコンが動かなくなりますよ」と言ってくる。

最終的には、1万円から3万円ほどのウィルス駆除のためのセキュリティソフトの費用の名目でクレジット払いするように言ってくる。当然ながら、この業者は大手のMS社とは何の関係のない業者である。番組でタレントとともに、この業者へ電話をかけて検証してみた際、相手が「ウィルスに感染している」と脅してきたので、パソコン業者に調べてもらったところ、パソコン自体には何の問題もなく、このウィルス話自体がハッタリであることがわかった。もし警告の画面が出ても、パソコンをシャットダウンして、もう一度起動させれば元に戻ることがほとんどである。つまり、「ウィルス感染」を話す詐欺師こそが、新種のウィルスのような存在である。彼らのウソ話こそ、本来、駆除されなければならないものなのだ。

この業者に電話をかけても、日本人の担当者は出てこず、相手の場所を突っ込んで聞いてみると、ロンドンやパリ、インド、シンガポールなど、外国の場所を言ってくる。

それにもかかわらず、「03」から始まる番号を使って電話をかけている。**つまりIT技術が発達した現在では「03」で始まる電話番号は、全国、いや全世界どこにいても、かけることも受けることもできるようになっているのだ。そこに詐欺師は目をつける。**

「もしもし、こちらは大阪市の国民健康保険課です」

着信を見ると「06」から、かかってきている。だから地元の役所だろう。そう考えるのは拙速だ。「オレだけど」と、息子の声で電話がかかってきた。息子は東京に勤めており、番号も「03」だ。ゆえに東京に住んでいる息子からの電話だろうと思うのも早計である。これまで見てきたように、電話番号の表示はいくらでも偽ることができるからだ。

私も詐欺業者に電話をかける際、相手が「0120」のフリーダイヤルを使用していたり、「03」の固定番号から電話がかかってきているはずなのに、相手の声に混じって繁華街の雑踏が聞こえてきて、携帯で話しているのがわかることもある。今は転送などの手段によって、電話番号の表示をいくらでもカモフラージュできるようになっているのだ。**つまり、番号という〝目に見える形〟(見える化)にして、私たちからの信用を取りつけようとする手口が横行していることを知っておく必要がある。**

無差別に発信し続ける自動音声ガイダンス詐欺の恐怖

「プルルル～」

家の固定電話に着信がある。

誰からだろうか。電話機を見ながら耳を澄ます。

「現在、電話に出られません。御用のある方はピーという発信音のあとに、ご用件をお願いします」という留守電のアナウンスにかぶさるように「こちらはA会社です。あなたには料金の未払いが発生しています」という女性の声でガイダンスが流れる。

「料金の未納？　何か支払いを忘れていたものがあったであろうか？」

そう思って、受話器を取ってしまう。

音声ガイダンスは流れ続ける。

「料金について確認したい人は『1』を、身に覚えのない人は『2』のダイヤルボタンを押してください。オペレーターと話したい場合は、『9』を押してください」

声の指示に従いながら、「1」か「2」あるいは「9」を押す。すると、オペレーターに電話が繋がり、「本人確認」と称して、住所、氏名などの詳細な個人情報を聞き出されてしまう。

私たちも何かのサービスを利用して、困ったことがあればサービスセンターに問い合わせをすることがあるだろう。その時に流される自動ガイダンスとまったく同じ形なのである。こうした自動システムを使う会社はそれなりにしっかりした企業であると思ってしまう人も多いゆえに、相手の声の指示どおりに番号を押してしまいがちである。

無論、このオペレーターは詐欺師である。電話をしてきた相手の個人情報をつかんで、逃げられない状況に追い込んだうえで「料金の未納があります」と金の要求をしてくる。

これが、時にNTTなどの大手事業者になりすますこともある。

「あなたは電話料金を払い過ぎています。料金を返還するので番号を押してください」ガイダンスが流れ、その指示に従って電話のボタンを押すと、やはりオペレーターになりきった詐欺師につながる。

最終的には、電話料金を返還する手続きのためという口実でATMに呼び出されての還付金詐欺や、「返金の手続きにはキャッシュカードの更新が必要です」と言われて、カードを詐取されるような被害に遭ってしまう。

これが携帯電話にかかってくるとなると、もはやターゲットは高齢者だけにとどまらない。

携帯電話を見ると、着信がある。

「誰からの電話だろうか？」

そう思った利用者がリダイヤルでかけ直すと「あなたは有料のコンテンツの料金を滞納しています」というガイダンスが流れ、「支払わなければ訴訟を起こします」「強制執行の準備に入ります」という脅し文句が続く。不安になった人はダイヤル番号を押して「これは何の請求でしょうか？」と電話に出たオペレーターに話を聞いてしまう。結果、詐欺師であるオペレーターから金を支払うように要求される。その昔、着信履歴だけを残すワン切りというものがあったが、これはまさにその進化系ともいえるだろう。

こうした自動音声電話は、一般のビジネスでも営業電話や未払い料金の督促通知やアンケートの回答などに使用されている。あらかじめコンピューターに電話番号のリストを入力しておけば、次々に多くの人へ電話をかけられる。

それに、**もし人の声で電話がかかってきたら「何かの営業だろうか」と身構えてしまうかもしれないが、相手が機械的な声なのでつい警戒感なく次の言葉を聞いてしまう点も大きい。非常に効率がいい手立てのため、詐欺や悪質商法の業者らも利用してきているのだ。**

これまでの詐欺や悪質商法にひっかかってしまう契機に、ダイレクトメールがあった。郵便物の封を開けると、何やらお得な情報が載っている。それゆえに業者へ連絡をとってしまう。その後、これがインターネットの迷惑メールという形にシフトしていった。ネットでは送信は無料なので、いくらでメールを送りつけられるからだ。しかし、迷惑メールの増大にともなって、本人の了解を得ずに広告のメールを送ることは法律で禁じられるようになった。そこで詐欺や悪質業者が次に考えたのが、自動発信の音声電話なのである。迷惑メールを送る際に、業者はメールアドレスをリスト化してコンピューターソフトを使っていっせいに送ってきたが、そのシステムはそのままに自動音声電話をかけてきている。

これまで、電話による詐欺を防ぐために「電話機の番号表示の設定をしてください」「留守番電の設定にしてください」との注意喚起がなされてきた。ナンバーディスプレイにして、もし知らない番号から電話がかかってきたら受話器をとらずに知っている番号だけに対応する。また、常に留守番電話への設定をしておき、かかってきた電話をいったん留守番電話の録音メッセージに吹き込ませて、その声が家族や知人がどうかを確認してから受話器をとる。また、通話料金はかかるものの、留守電を聞いて確認してから折り返し電話をかけるというものだ。詐欺犯は、犯罪の証拠になってしまうような声をわざわざメッセージに残すようなことはしないので、基本的にかけた先が留守電だと、電話を切ってしまう。ゆえに、詐欺に遭わずにすむというわけだ。

だが、考えておきたいのは、本当にこの対策だけで今は万全なのだろうか？　ということだ。スライドで新手口を考える今の時代、もはやそれだけで防ぎきれない。

考えてみてほしい。電話はいろんなところからかかってくるものだ。役所などの公的機関、電気やガス会社、はたまた宅配便からの連絡もあるだろう。番号だけを見て、電話をとるかとらないかを咄嗟に判断するのはきわめて難しい。

それに、もし大手の電話会社や宅配業者、大型量販店など大手企業をかたり電話がかかってきて留守電に声を吹き込まれれば、受話器をとってしまうに違いない。というのも、今は海外から詐欺の電話をかけることも多く、そうなると彼らは捕まるリスクが低いと思っているゆえに、短い留守録なら平気で声を電話に残す可能性も高いからだ。

また、知人の中には携帯などの番号がよく変わる人もいるだろうし、最近ではスマホでSNSを使いこなし、交流活動を活発にして友人をつくるアクティブシニアも増えている。知らない電話番号であっても、もしかすると最近知り合った友達からかもしれない、そう思えば電話に出るに違ない。ゆえに「知らない番号の電話は、絶対にとらない」という対策は、あまり有効でなくなってきている。

警告メッセージを流して会話を録音、ブロックする詐欺対策電話は効果的

もはやナンバーディスプレイや留守番電話の設定をするだけでは、詐欺は防ぎようがない状況になりつつある。そこで、警察や自治体と電話会社がタッグを組んで、さまざまな詐欺対策の電話機や装置を設置するように推奨している。

こうした電話装置では、警察のほうで把握している過去に詐欺に使われた電話番号をブラックリスト化しておき、もしこれらの番号から電話がかかってきたら赤のランプで危険を知らせて「迷惑電話の恐れがあります」と、家人に電話をとらないようにガイダンスを流す。また、通話先の相手に事前に「この電話は、振り込め詐欺対策として録音されています」という警告メッセージを流して、会話すべてを自動録音するものもある。詐欺の電話を撃退するためのさまざまな工夫が凝らされている。

私も以前から、こうした電話を勧めている。というのも、玄関には鍵をかけて家への侵入を防ぐが、電話にはこのような防御の手段がなかったからだ。これらの電話機を設置することは、ある意味電話に鍵をかけることにつながる。それに、こうした電話の最大の効用は、詐欺師の側に「いつ電話をしても通じないな」と電話をかけるのをあきらめさせて

しまう狙いもある。

ただし、注意しなければならないのは、この防犯電話をつけたから絶対に詐欺が防げるということではない。警察に、未だ詐欺との通報のない電話番号でかかってくれば、容易に詐欺対策の電話も突破されてしまう可能性もある。録音されていても、おかまいなしに電話をかけてくる詐欺師もいる。まさに、これは家で鍵をかけていても、ピッキングで解錠されて侵入されるようなものであろう。

詐欺師は、私たちの思いのウラをかいて、さまざまな手を打ってくる。

それゆえ、100%詐欺被害を防げる方法は存在しない。そこで、そのリスクをいかに下げるかを考える必要があるのだ。しかしながら、多くの人は安全に金をあまりかけたがらない傾向がある。ゆえに、なかなか思ったようにこうした詐欺対策電話も普及していない現状もある。

だが、考えてほしいのは、社会情勢は日々刻々と進化している。そうした中でリスクヘッジという考え方はビジネスだけでなく、社会生活を送るうえにおいても必須な考え方になってきているのだ。進化していく手口に対して「これで絶対に大丈夫」という対策はない。それゆえに、リスクヘッジとしての対策を上積みし続けていくことが大事なのだ。

第5章

詐欺集団の巧妙で緻密な驚くべき組織力

相手に警戒されずに心に入り込む悪辣な心理術

「今日は、素敵なお洋服を着ていらっしゃいますね」

路上キャッチは、足を止めた女性に話しかけてくる。ほめ言葉を受けて悪い気はしないものだ。

「ちょっと2、3個だけ質問に答えてほしいのですが、よろしいですか？」

女性はうなずく。

「OLさんですか？」

「ええ」

「お仕事は忙しいですか？」

「そうですね」

「今、パワハラ、セクハラなどが騒がれていますよね。職場で困っていることがありませんか？」

「ちょっと、ありますね」

「どのような？」とキャッチは深刻な表情をしながらも、やさしく語りかける。

「女性の上司なのですが、仕事でミスをしても自分の非を絶対に認めなくて、いつも私に責任を押しつけてくるのです」

「なるほど、職場での人間関係に苦労しているのですか。わかります。私も以前に、上司がまったく人の話を聞かないばかりか、無責任な人でかなり悩みました」

「そうなんですか」

さらに、女性は具体的な悩みについて話を始める。


これが、彼らの常套手段である。キャッチは相手の心に入り込むために、まず自分も過去に同じ境遇だったという共感を演出してくる。人は共通の事実を持つと、相手に興味を抱いて心を開いてしまうものだ。そうした状況を作り出したうえで、その人の悩みや不満などの心に刺さったトゲを巧みに聞き出していく。

もし相手が家庭内でのトラブルに悩んでいれば、「親と喧嘩をしているのですか。こちらの話を聞かないで一方的にダメだと決めつけるのは、本当に困りますよね。私も経験がありますが、子どもにだって自分としての意見がある。親だからすべてのことが正しいわけではないですよね」と、彼らは私たちが話す言葉をいっさい否定することなく、全部受け止めてくる。そして普段、周りに話せない愚痴を聞いたうえで「それはお困りでしょう」

「がんばりましょう」と、相手の心に寄り添うような言葉を返す。私も数多くの路上キャッチと話してきたが、彼らは初対面ではやさしい人を演じるゆえに、話していると、とても心地よい気持ちになることが多かった。

詐欺師や悪質な訪問販売員は、最初から私たちをこわがらせるようなことはしない。それにもかかわらず、彼らに対して「こわい」「恐ろしい」といったイメージを持つ人は多い。実際、詐欺や悪質商法にだまされないために、注意を呼びかける啓発資料にも「もしもし、オレオレ」などと電話をかける詐欺師の姿が黒いサングラスをかけた強面だったり、家を訪れる悪質業者の人相が恐ろしい表情で描かれることも多い。

確かに「知らない人の電話や訪問は危険だ！」という警戒心を訴えるために必要なのかもしれないが、このイメージだけにとらわれていると逆に危険なのである。

これまでいろんな悪質業者と相対してきてわかるが、見た目にこわいと思う人はほとんどいなかった。たいがい初対面である私たちに警戒心を持たれないようにするため、柔和な表情で「こんにちは」と明るい挨拶をしてくる。身なりもきちんとしており、普通の姿をしている。そして、最初の受け答えも「共感」「同情」というテクニックを使いながら、私たちに接してくる。最初から強面の姿でやって来ることはなく、語り口も荒っぽいものではなく、実にソフトだ。

それにもかかわらず、詐欺師や悪質業者に「こわい」「恐ろしい」といった印象だけを持っていると「この人は悪い人ではないな」と思って胸襟を開いてしまいがちになる。もちろん、これはやさしさという羊の皮をかぶった偽りの姿でしかない。その皮をはぐと、そこからは彼らの本性である牙をむいた狼の姿が出てくる。実はそれが恐ろしいのだ。

街頭でやさしい言葉の応対をされて相手に好印象を抱き、「あなたは悩みがあるようなので、もしよろしければ知り合いの占い師に見てもらってはどうですか？」と誘われる。

そして占い場所に連れ込まれると、ニセ占い師が出てくる。

「あなたは真面目そうな方ですね。ですが、生真面目すぎて悩みを抱えていらっしゃるようにもお見受けしますが、何か困りごとはありませんか？」と柔らかい物腰で尋ねる。

勧誘者、占い師とも好印象を抱かせるソフトな対応をしてくるので、来場者からはだまそうとする思惑はまったくみえない。ゆえに連れ込まれた人は、警戒心なく本音をさらけ出してしまう。

「とてもストレスフルな職場なのです」「最近、恋人が暴力をふるってくるので……困っています」

占い師は、すべての悩みや愚痴を聞き出すと「なるほど、それは大変ですね」と共感を示しながら、狼の牙をむき出してくる。


しばらくの沈黙のあと、「とても言いにくいのですが」と切り出す。

「なんでしょう。教えてください」

相手がグイっと身を乗り出すや、「悩みや不幸の原因は霊によるものです。その不幸になっている原因を取り除かなければなりません。あなたは、除霊のために水晶玉、仏像を買わなければなりません！」とたたみかける。

そして、数十万円の金額を提示する。

「急にそんな金額を言われても……」

「このまま因縁に支配されたらまちがいなく不幸になります。このままだと……この先、病気になるなど、あなたの身に危険が及びます！」

「ええっ！」

自らの身に危険が迫っていると聞き、こわくなり、商品の購入の契約に応じてしまう。

こうして人はだまされていく。

第一印象でだます「メラビアンの法則」を悪用する便乗詐欺

メラビアンの法則では、人は見た目という視覚情報で相手の第一印象を決めてしまうと言われている。詐欺師たちも、市役所職員になりすます時には作業服姿で家を訪れ、一流営業マンになりすます時はビシッとしたスーツできめる。あくまでも見た目から入ってくる。

「マイナンバーの通知カードは届いていますでしょうか？」

首からネームプレートを下げた役所の職員が家を訪ねる。

「いいえ、まだです」

そう答えると「今からすぐに手配しますので、まず手数料をお支払いください」と言う。

これは、2016年にマイナンバー制度がスタートしてそのころに横行した便乗詐欺である。本当は金などかからないのだが、私たちがマイナンバーへの知識が不足しているところにつけ込んで金をだまし取る。

その反対に、カードが届いていることを知ると「届いていましたか。それはよかったです。ところでマイナンバー制度とはどのようものか、ご存知でしょうか？」と、高齢者に尋ねる。

「ちょっとわからないですね」

すると、詐欺師はていねいに説明を始める。

「届いている通知カードを見せていただけますか？　この制度では、まずこのカードに記載している番号が重要になります。その番号は国民一人ひとりにつけられた背番号みたいなもので、その番号で今後の役所での手続きをすることになります。そこで、まずこの個人情報番号カードの用紙に記入して役所に提出すると、マイナンバーカードというものが発行される仕組みになっています」

「なるほど」

「このカードは身分証明書の代わりになります」

わかりやすく、ていねいに説明してくれて、高齢者がありがたい気持ちになっているところへ「実は登録には手続き費用が必要なのです」と言うのだ。親切心を装うのが、詐欺師の手口である。

確かに、私たちが住民票の発行や戸籍謄本のような書類を取ろうとすれば金がかかる。まさにそうしたものと混同させてくる。そして、「手続きは少々面倒なので、私のほうでおこなっておきましょう」と言い、相手に抵抗感を覚えさせないような、5000円～1

万円ほどの金額をだまし取る。

このように、詐欺師らは相手からいい心象を得るために第一印象をよくすることに努めている。それは詐欺師に対して、私たちが「こわい、危険人物と考える」と思われていることを知っているからこそ、正反対の「親切」「やさしさ」という姿を前面に出してやってくるのだ。ゆえにメラビアン詐欺をおこなうような「親切過ぎる人」にも気をつけなければならない。

「親切過ぎる」詐欺師が「狼スイッチ」を入れる瞬間

もちろん彼らは本性を隠して「やさしい羊の皮」をかぶっているだけなので、どこかのタイミングでスイッチが入ると、狼としての牙をむき出しにする。

そこがこわい。では、どこで「脅し」のスイッチが入るのだろうか。

プルルル〜〜。

「誰だろうか……」

高齢女性の家に、知らない番号から電話がかかってくる。

詐欺の電話かもしれない。もし威圧的な態度や脅すような話をすれば、すぐに切ってやろう。そう思いながら電話に出る。

「はい、もしもし……」

「おひさしぶりでございます。以前にカニを送らせていただいた店の者です。そのせつはありがとうございました」

「いえいえ」

穏やかな口調で語りかける。もちろん、業者は以前に海産物を購入したリストで電話をかけているゆえに、女性は否定できない。しかも店名を告げないものだから、女性は「どの店だっただろうか？」と思いを巡らせているうちに業者は話をどんどん進める。これが、詐欺師たちの手口である。

「実はとってもいいカニが入りましてね。以前にご購入していただいた方へ優先のご紹介でお電話をかけさせていただいています。どうでしょうか？」

「おいくらですか？」

「今回は、キャンペーン中で、なんと半額以下です！　通常価格5万円の高級なカニがなんと2万円で買えます。どうでしょうか？」

「どうしようかしら」

「今日が最終日ですので、明日にはこの値段では提供できませんよ。絶対にお得です」

業者の押しに負けて、「わかりました」と言ってしまう。

「ありがとうございます！」

電話は切れる。

注文したのはいいものの、やはり冷静になってみるとカニなどいらないことに気づいて、女性はキャンセルの電話をすることにした。

「もしもし、やはりよく考えたらいらないので注文を取り消せますか？」

「もう配送の手続きをしたからキャンセルはできません。すみません」

それでも女性が解約したいと告げると、悪質業者は本性を現し出す。

「何だと。キャンセルとはどういうことだ、このヤロー！　こっちは一生懸命説明してやったのにどういうことなんだ！　解約の理由を言ってみろ」

「お金がなくて払えません」

「そんなのは理由にならない。金がないのは注文をする前からわかっているだろうが！」

「正当な解約理由を言ってみろ！　おい！」

恫喝口調で迫ってくる。

本来こうした電話勧誘においては、8日間以内なら無条件での解約は認められている。だが、高齢女性にはその知識はない。それゆえに業者は「キャンセルの理由を言え!」と高圧的に迫り、それが正当なものでないと解約はできないなどとウソをついている。それに、相手は悪質業者だ。自分の住所も電話番号知られており、今後何をされるかわからない恐れもある。最終的にはこわくなって、結局金を払うことになる。

このように、相手の話に深入りしたうえで拒否したり反論すると、彼らの「狼スイッチ」が入り、ひどい目に遭ってしまうのだ。

くれぐれも、見ず知らずの業者からの電話には前向きな発言や答えをしてはいけない。訪問販売でも同じだ。もし家に招き入れたら悪質業者はテコでも動かなくなるので、玄関先や敷地内に入れない。それは心の面にも言えることで、自分の懐にも簡単に入らせてはいけないのだ。

このように、詐欺師や悪質業者は、最初からこわいのではなく、その皮をはいだ時の本性がこわい。そのあたりのポイントをまちがえると、詐欺師の思うツボにはまってしまう。

詐欺師たちの狙いは、見た目のやさしさと、恫喝というこわさのコントラストを演出することで「やはり悪質業者はこわい、もうダメだ」と相手を心理的に観念させることにある。

くれぐれも詐欺師に対して最初からサングラスをかけた強面……という印象だけを抱いてはいけない。羊の仮面をはいで狼になった瞬間がこわい。このあたりの認識をまちがわないようにしておきたい。

「口のうまい詐欺師」が必ずしも優秀ではない驚愕の理由

「先日、資料を送らせていただきましたが、届いていますでしょうか？」

男性の声で家の電話がかかってきた。どうやら、先日「在宅ワーク」の資料を送ってきた業者のようだ。

「ええ」

「ご説明したいので、ちょっとだけお時間をいただけますか？」

「少しの時間なら」

「ありがとうございます。今回お願いしたい仕事は、あいた時間を有効活用してのホームページ作成です。１ページあたり４５００円になります。私どもの仕事では入会金や、保証金、講習会といったお金はかかりません」

「そうなのですか」

「私どもはパソコンの電源の入れ方から教えます。フリーダイヤルに電話をかけていただいて、インストラクターの言葉どおりにボタンを押せば、なんと！　ホームページ作成の仕事が簡単にできてしまうのです」

私は普段からパソコンで原稿を入力するので、電源の入れ方くらいはわかる。一方的に話しているから、私をパソコン初心者として決めつけてしまっているのだ。

もっと相手の事情も聞かなきゃだめだよとダメ出ししたい気持ちを抑えながら、彼の言葉を聞いていた。

「手順としては、あなたのところへEメールで原稿の下書きを送りますので、それを元にホームページを作成していただきます。最低でも1か月に9ページは仕事を出せますので、ご安心ください」

よく考えてみれば、おかしな話だ。いちいち初心者に教えてホームページを作らせるよりも、インストラクター自身が作ったほうが断然効率がいいはずである。「何かウラがあるな」と勘繰りたくなるような話である。

「それにしても最近、在宅の仕事紹介であやしいところが多いですよね。そう感じませんか？　そこで『正しい在宅の仕事を選ぶ基準』をこれから申し上げます」

彼は急に「あやしい会社の基準」を語りだす。

「まずパソコンを持っているのにパソコンを買えと言ってくるところですね。それに電話を非通知でかけてくるところ。ダイレクトメールが送られてきているけれど、電話番号や住所が記載されていないところ。当社はどれにも当てはまっていませんので、ご安心ください」

自分の会社があやしいと疑われる前に危険回避の情報を教えることで、安心な会社との印象を植え付ける狙いがあるのかもしれないが、この話が逆に不信感を生むことになった。なぜなら、住所や電話番号を書かずに身元不明のままダイレクトメールを送る会社などあるはずがないからだ。

彼は自分が何を言っているのか頭の中で咀嚼する能力が足りない勧誘初心者なのだろう。私は「お前は、お馬鹿さんか？」と言いたい思いを押し殺しながら、話を聞いていた。

この手の勧誘電話はよくかかってくる。悪質勧誘者からの電話だから口がうまいのだろうと身構え過ぎずに、冷静になってよく相手の話を聞いてみれば、案外ボロが見えてくるものだ。

多くの人は詐欺師や悪質業者というと、とても口がうまく、相手の話を聞いているうちに、いつの間にか篭絡されてしまい、財布から金を出させられてしまうといった印象を持っているかもしれないが、必ずしもそうではない。

確かに、毎日のように「数千万円の金をだまし取った」という詐欺のニュースが流されており、だましの天才と言えるような人物がいるのも事実だ。だが、報道されているものは、ある意味、多額の金を巻き上げるのに成功した事例であり、ひと握りの詐欺師に過ぎない。

私たちが普段遭遇する悪い連中が、必ずしもだましのスペシャリストであるとは限らない。これまでの私の潜入経験から言っても、すべての勧誘者がだましの手法に長けているというわけではなかった。実感としては「本当に口がうまいヤツだな」と思えたのは2割程度に過ぎず、あとの8割は「これはダメな勧誘のしかただな」「もっと、こう言うべきなのに」と、逆にアドバイスをしたい思いにかられるほどヘタな勧誘だった。

それにしても、なぜ「こりゃダメだ！」という人が多いのだろうか。

それは、口のうまい百戦錬磨な勧誘者は、だましの実績を上げると組織内で地位が上がり、現場から離れて新たな勧誘者を育てる立場になるからだ。というのも、本人だけが実績を出すよりも、指導的立場で自らのノウハウを共有しながら勧誘したほうが組織としてはより多くの金をだまし取れる。これが、勧誘の話術に長けていない人物が私のもとに電話をかけてくる理由である。

能力の低い詐欺師も失敗しない「勧誘マニュアル」の中身

だからといって勧誘者を侮ってはいけない。というのも、個人としての勧誘スキルに長けていない人たちが電話をかけているにもかかわらず、多くの人がだまされている現実があるからだ。

先ほどの男は前半部はまったくダメな勧誘だった。ところが後半からは様子が変わってきた。

「これからお仕事を始める上で一番大切なことをお話しします」

私の関心を誘うような口調で水を向ける。

「私どもの仕事ではCDロム6枚のソフトが必要になります。そこで諸経費として、月に1万7000円が毎月仕事をした分から差し引かれます。3年たてば、いっさいお金がかからずにお仕事ができるようになっています」

ここで、彼らの手口が透けて見える。おそらく「仕事がしたい」と思っている人は、仕

事で諸経費がかかると聞いても、あまり疑問を差しはさまず、在宅ワークの契約をしてしまうかもしれない。それは、収入が諸経費を上回ることを確約していることも大きいだろう。

だが、私はこれまでさまざまな取材を通じて、彼らが平気でウソをついてくることを知っている。毎月差し引かれる「諸経費」はローンの支払いを意味している場合が多いので、突っ込んで聞いてみた。

「そうですか。それでは仕事をしなかった月はその諸経費は引かれないのですね」
「いいえ、その諸経費は毎月支払っていただきます」
「数か月で仕事をやめたくなったら、諸経費は払わなくてもいいのですね？」
「いいえ、3年間は払っていただきます」

つまり、私がこの契約話に対して「わかりました」と言えば、3年間のローン契約（約61万円超）をすることになるのだ。口約束でも契約は成立するのが、電話勧誘のこわさだ。

それに、本来なら仕事を任せるにあたっては本人のスキルを見きわめる必要があるはずだ。それに応じて仕事の量や収入を決めていくもの。それにもかかわらず、男は私のパソコンスキルなどほとんど聞かずに、今日電話したばかりの得体のしれない人間に仕事を必ず与える確約してくる。おかしな話だ。

私は勧誘経験が豊富だったので、あやしさに気づくことができたが、おそらく諸経費を文字どおりの言葉と思い、契約してしまう人は多いに違いない。

私はさらに「最初に入会金などのお金はかからないと言ったよね」と突っ込んでみた。

だが、前半部と違って「はい。そのとおりでございます」と毅然として答える。

「入会金や保証金、講習会のお金はかかりません。かかるのは、諸経費だけです」

このあたりのマニュアルは徹底されており、ベテラン勧誘員のようにスラスラと話してくる。彼の何が変わったのか？

実は、後半部では組織内のマニュアルを使って牙をむいてきたのである。詐欺や悪質商法では、どんな人が勧誘をしてもうまくいくような組織的な方法を準備している。多くの人がだまされてしまう理由は、本人たちの力量というよりも、組織としてのだましの手法がより長けているからに他ならない。つまり、組織としてのだましのヴィクトリーロードにはまったら危険なのである。つまり、個々人の口のうまさよりも話の流れのうまさに気をつけるべきなのである。この点を見誤ってはならない。

だましの組織には、たいがい勧誘マニュアルというものがあり、このとおり行動すれば、本人が将棋の「歩」であっても「成金」になって、勧誘することも可能なのだ。

「巧妙なバトンタッチ」で成功している悪質なマルチ商法のウラの心理術

1980年代以降、「先祖霊があなたにとりついている」との恐怖心をあおりながら、高額な壷や印鑑などを販売する霊感商法が多発して、たくさんの被害者が出た。

ところが、私がじかに街頭で勧誘者一人ひとりを見ると、手相占いの素人ばかりで、つたないしゃべりをしているのだ。

「太陽線と言うんだよね。これはどんな運命なの?」

薬指の下にある線を指さして突っ込んで聞いただけで、その線の知識がないために、しどろもどろになる。

だが、彼らはそれでも霊感商法で実績を出している。それもまた、組織としてのマニュアルが徹底されているからに他ならない。

彼らには、組織から実にシンプルな方法が指示される。それは、訪問や街頭で勧誘対象者に会い、手相をある程度見たら「私なんかよりもすばらしい鑑定士がいるので、見に来ませんか?」と勧誘場所に誘うというものだ。その時、手相を通じて相手の事情はできるだけ聞いておくようにする。この2点だけを街頭や訪問で実行すればよいのだ。

「今、手相の勉強をしています。見せてもらえませんか？」

足を止めた女性に街頭キャッチが声をかける。

「あなたは、とっても笑顔が素敵な方ですね」とほめてくる。

「いえいえ」

「とってもチャーミングですよ」

何気なく相手の手をのぞき込みながら「頭脳線も長いですから頭のよい方ですね。でも、細かい線も出ていますから気苦労をされることも多いのではないですか？」

話す口調も穏やかなので、悪い人ではないだろう。

「ええ、実は……」と気苦労している状況を話しだす。**人は愚痴や悩みなどのうっぷんを他人に話すと、少し気持ちが軽くなるものだ。ここに、キャッチらの狙いがある。すると、手相キャッチは一気に聞き役に回りだす。**

「うん、うん」「へえ〜」「そうなんですね」

こうした相手の言葉に対する相づちこそが、さらに好印象を抱かせる。そして、タイミングを見はからい、「もしよろしければ、私よりもすごくよく当たる運勢鑑定ができる先生がいらっしゃるので見てもらいませんか？」と持ちかけるのだ。

手相キャッチはしっかりと、判を押したようにマニュアルの2点を守って誘い込む。

会場に着くと、鑑定士が出てくる。

「こんにちは、今日はお越しくださり、ありがとうございます」

笑顔での対応をする。誘い込んだ人は「こちらの方は私が日ごろお世話になっている方で、すごく占いがよく当たります。とても親身になって話を聞いてくれるので、とても尊敬しています」と言う。

勧誘者から「好印象のバトンタッチ」を受けて、鑑定士は手相や家系図をとりながら話を始める。

「結婚に対する障害の相が出ています。あなたは恋愛での悩みごとがありそうですね」

「はい。そうなんです」

「最近、恋人が浮気しているようで……困っています」

「それに、親子関係にも難ありです。とくに家系的には……母方に問題があるようですね。お母さんとうまく関係がいっていないのではないですか？」

「そのとおりです！　実は、ああしろこうしろと、口うるさくて喧嘩ばかりで……」

鑑定士はビタビタと相手の状況を当てて、愚痴を話すように仕向けていく。もうおわか

りかもしれないが、これだけ当たるのも、来場者の悩みなどの個人情報が誘い役から鑑定役にしっかりとバトンタッチされているからに他ならない。

最終的に、鑑定士は「あなたの背後には、先祖の女性で恨みをもったまま亡くなった人の霊がおり、その祟りによって、ますます恋愛や親子関係は悪化してしまいます。この先、あなたは精神的に追いつめられ、さらに体を切る相も出ているので手術をすることになりますね」と、ことさらに不安をあおってくる。そしてその悪い因縁から逃れる方法として、高額な開運商品を売りつけてくる。

当然、ここでも話し方のマニュアルは徹底されている。来場者に対して「不幸の原因は、すべて先祖霊、悪霊のせいであり、それを清められた開運商品を買うことで除霊され、悩みが解決でき、幸せになれる」。これを相手に訴えるように指示されているのだ。この骨子をもとに、相手の事情に合わせた話し方にすれば、簡単にだませるというわけだ。

実は劇場型の振り込め詐欺でも同じ構図になっている。まず名簿を集めて、息子、上司などになりきって「オレオレ」と、電話をかける。そして「株の取り引きで失敗して、会社のお金を使ってしまった。すぐにお金が必要なんだ」というウソの話を相手が信じたら、「同僚の鈴木にお金を取りに行かせるから」と、金を受け取る役にバトンを渡すという流れが徹底されている。悪い連中の組織には、成功するためのバトンタッチのマニュアルがあり、どんな人が代わりにおこなってもだませるようなシステムになっているのだ。

完璧なはずのバトンタッチ勧誘システムに盲点あり

だが、この完璧に見えるバトンタッチのシステムには隙がある。前半部は相手に合わせた話をしなければならないので、なかなか「悩みを聞き出す」行為がマニュアルどおりにいかないことも多い。私が手相キャッチに「太陽線」について聞いたように、稚拙な勧誘者ほど、しどろもどろになってボロが出やすい。

もし、勧誘者を撃退するなら前半部がやりやすい。

「悩みはありませんか？」

街頭で尋ねられたら「何もないよ」と答える。

「あなたの生活の満足度は100点中何点ですか？」と、尋ねられたら「100点だよ」と答える。

相手は「70～80点」と答えることを想定しており、「マイナス20～30点は何ですか？」ということを口実に、悩みを聞こうとしていたのにそれができずに困り顔になる。

「本当に満足していますか？」

再度、尋ねるだろう。

「ええ」

満面の笑みを浮かべて答えると、何もできずに「ありがとうございました」と言って、私を去らせてくれる。


振り込め詐欺にしても、ニセの息子が「実は困ったことがあって」と親に話を投げかけてくる。

「あまり言いたくないんだけれど」

「何よ、言ってみなさいよ」

「う～ん、どうしよう。ここだけの話にしてね」

「わかった」

「株で失敗してしまって、借金ができてしまって」

「そうなの」

詐欺師の手口は、親から質問をするようにさせながら詐欺の話の流れに乗せて、一気に信じ込ませる方向にもっていこうとする。くれぐれもだまされないためには、最後まで話を聞かないことだ。

「実は困ったことがあって、あまり言いたくないんだけれど」と言われたら、「じゃあ、気持ちの整理がついて言いたくなったら、電話しなさい」と、ガチャンと切る。本題に入る前でさっさと話を打ち切って「失礼」することが、だまされないためには大事なのだ。

第6章

詐欺師たちの勧誘システムの最新事情

「オリンピックの入場券を購入」を隠れ蓑に使う巧妙詐欺のウラ側

「東京オリンピックが開催されますね」

旅行代理店を名乗る業者から電話がかかってくる。

「ええ」

「楽しみですよね。ところで今、このあたりで優先的に入場券を購入できるパンフレットが届いていないかと思いまして、各家庭にお電話をしております」

「そういえば最近、入場券購入の封書が届いていました。ちょっと待っていてください」

と、ごそごそと家人は郵送物を探し始める。

詐欺の電話をかける家には、あらかじめ「SS席のチケットが1枚12万5000円」などと書かれた葉書や封書を事前に送っている。だが、考えてほしいのは、高齢者の家にはダイレクトメールなどのあまたの郵送物が届いているはずである。それなのになぜ、そのような封書が届いていることに気がつけるのだろうか？

「……ありましたよ。緑色の封筒。『オリンピック優先入場券・購入申込書』、これですよね」

「はい、そうです」

これが、詐欺師の印象づけるための心理テクニックである。詐欺師らは他の郵便物との差別化を図るために、目を引くような黄色や緑などの大きな封筒で送っているのだ。

男は大喜びするような声を出しながら、「あるのですか！　あなたは選ばれた方なのですね。ぜひともその申込書をお譲りいただきたいのですが、お願いできないでしょうか？」

「いいですよ」

「ありがとうございます！　ただし、それは本人様にしか申し込めないようになっておりまして。大変恐縮なお願いなのですが、ご本人様に購入していただいて当社で3倍の価格で買い取るということで、お願いできませんか？」

家人は頭の中で計算を働かせる。

「もし3倍で買い取ってもらえれば、30万円ものもうけになるのか。それなら2枚くらい買おうか……」

「わかりました。これから販売先に申し込みますね」

そこで、チケットの販売業者に連絡をして代金を払い、購入する。しかし、いっこうに入場券は送られてこない。さらに「買い取る」と言った業者との連絡も取れなくなる。つまり、売る側と買い取る側の両業者はグルだったのだ。

これは、東京開催の決定後に流行ったオリンピック詐欺の手口だが、こうした売り手、買い手の両者をかたって電話をかける手立ては、他の投資詐欺でも頻繁におこなわれている。この場合、本人に儲かると思わせて自発的に申し込ませる形をとっているので、買わされたという被害者意識が希薄になり、被害の通報が遅れてしまいがちになる。もちろん、これは被害の発覚を遅らせるための詐欺師たちの巧みな作戦である。

ここで使われているのは、足し算の手口である。オリンピックにニセのチケット購入、買い取り話をプラスしてきたように、詐欺は足し算しながら近づいてくる。とくに使われがちなのが、ニュースなどで話題になっている時事問題である。オリンピックなどのスポーツ以外には事件事故、法律の制度改正にいたるまで、私たちが関心を寄せるような出来事に便乗してくる。

以前にも、日本年金機構から個人情報が外部に流出した事件が起きると、多くの人に自分の情報も漏れたのではないのか……という不安な気持ちがよぎった。すると、その心を見透かすように「あなたの個人情報が流出しているので削除してあげますよ」というウソの電話がかかってくる。「元号が新しくなるのに合わせて法律も変わる」とウソをついて、キャッシュカードの変更を促してカードを詐取しようとする「改元詐欺」や、地震や水害などの大災害が発生すると、必ずといっていいほどそれに便乗するような詐欺や悪質商法が登場するのも同じだ。

弁護士、警察を名乗って近づく最近の詐欺テクニック

一口に足し算型と言っても、いろんな計算式が存在する。先の「チケット買いませんか？」という手口では、当然だまされない人もいる。すると、詐欺師は新たな足し算を考えだす。

「東京オリンピックの開会式のチケットご購入ありがとうございます」

「J」や「K」など、誰もが知っている大手の旅行会社を装った業者から電話がかかる。

「はい？　何のことでしょうか？」

電話を受けた人はよくわからない様子で答える。

「あなた自身のお名前で300万円分のチケットが購入されているのですが、もしかして購入されていませんか？」

「はい、申し込んでいません」と強い口調で答える。

「そうですか。ですが、あなたの名義でのチケットの申し込み、購入がなされていまして……」と、電話口の担当者は困惑ぎみに答える。

「とにかく、していません」

「わかりました。恐らくあなたの個人情報を勝手に使って、申し込んだ人物がいるということですね。そうなると当社として被害を受けていることになるので、警察に相談させていただきます。いろいろとご迷惑おかけしました」

いったん、電話が切れる。

まもなくして、ニセの警察官から電話がかかってくる。

「警察のほうで調べた結果、あなたの個人情報がもれて犯罪者集団に使われていることがわかりました。このまま放置すれば、あなた自身も共犯に問われる恐れがあります」

「どうすれば、いいでしょうか？」

突然のトラブルに困りきった声を出す家人に、ニセの警察官は提案をする。

「それではまず弁護士に相談してはどうでしょうか？　もしお知り合いがいなければ、ご紹介しますよ」

そして、今度はニセ弁護士から電話がかかる。

「調べてみましたら、あなたの個人情報が方々にもれていることがわかりました。このままだとあなた自身があらぬ疑いをかけられて、犯罪者として逮捕される恐れもあります。こちらのほうで個人情報の削除をしておきますね」

そうして、削除の名目で多額の手数料をだまし取られてしまう。

このケースでは、チケットを「買ってください」ではなく、「あなたは買っています」と状況をひっくり返した上で、オリンピックという時事問題を足してきている。つまり、詐欺師の得意技「リバース」という、分母と分子をひっくり返すようなだましの計算式も加えてきている。被害者としては、想像もしていない方向から詐欺の矢が飛んでくるゆえに、身動きが取れなくなるのだ。

横行する「足し算型」詐欺にだまされない方法

では、足し算型の手口でだまされないためにはどんな心がけが必要なのだろうか？　時事問題を入り口にした話をしてきたら、まず、あやしんでみることである。ただし、彼らのだましの知恵は底知れないので、もうひとつの心理テクニックも知っておいてほしい。詐欺師たちは、相手を詐欺の話に食いつかせようとする時、ひとつの情報だけではインパクトが薄いと思えばさらにもうひとつの情報を足そうとする。便乗詐欺ではより強い関心を惹くために、情報の重ね盛りがよくおこなわれる。

東京都消費生活総合センターが公表しているオリンピック絡みの相談には、次のようなものがある。

「CO_2排出権取引を扱う業者からダイレクトメールや電話勧誘があった。業者はオリンピックに関係しているような話をしていたので、世の中の役に立つと思って投資した。だが、解約したい」

これは、地球温暖化対策として温室効果ガスの削減が話題になっており、それをオリンピックにプラスしている。

五輪会場の建設問題が話題になるにつれて、大手企業を名乗るところから「オリンピックのドーム建設を手がける会社の社債を購入できる権利を持つ人の名簿に、あなたの名前が登録されている。当社でその権利を買い取りたい」という電話がかかってきている。

また、国会でカジノ法案の検討がなされると、知人から紹介された人から「オリンピックに向けて全国にカジノを設置することになったので出資しないか」と勧誘されたという相談もある。オリンピックにドーム建設やカジノなど、もうひとつ相手が興味を引きそうな情報を盛り込み、私たちの心を二度ノックして、関心を引き出そうとする。

これは、便意をもよおしてトイレに駆け込んだ時のことを考えればわかりやすいかもしれない。トイレの扉を「コン」と叩かれるよりも、「コンコン」と二度叩いたほうが、「入っています」と相手からより強い答えを返してもらえる。

二度叩かれると、中に入っている人は「外で待っている人がいるので早く出なくては」とプレッシャーを受ける。これが「コン、コン、コン」と三度叩かれれば、もっと中の人は焦ることになるだろう。同じように、二つ以上の情報を重ねることで、相手の心に強い訴えかけができるのだ。

今後も詐欺師たちは、私たちを詐欺話のレールに乗せるために予想もしないような工作をしてくる可能性は高い。いずれにしても、だまされないためには、儲け話に絡めてさまざまな情報が重なって自分の心が相手の話に前のめりにさせようとしてきたら、いったん警戒心を間に挟んで立ち止まってみることが必要なのだ。

情報を引き出しながらだます
オーダーメイド詐欺の恐怖の手口

「このところ、寒いですね」

高齢者宅に、業者の男から電話がかかってくる。

「はい」

「これだけ寒いと、なかなか布団から出るのも億劫になってしまいますよね」

「ええ」

「寒くなってきて、お体でつらい部分が出てきていませんか？」

「そうですね」

「とくに腰の痛みとか、関節痛とか大丈夫ですか？」

「このところ、朝晩は膝や節々が痛くなりますかねえ」

「病院には通われていますか？」

「はい」

「病院に通われて、どうですか？　なかなか症状は改善されないのではないですか？」

「そうなんですよ」


こうして、業者は高齢者の健康状態を把握していく。巧妙な点は、天気の話からスムーズに情報の収集の話に入っていくところだ。当然、高齢者になれば体に不具合は出てきており、しかも病気の話には関心がある。相手のツボをうまくつつきながら話を展開していくのだ。

さらに、**悪質業者はここでは高度なテクニックをもうひとつ重ねて、口を軽くさせている。それは「イエスセット」だ。「はい」という肯定的な返事を繰り返しさせながら、自分の意図する話の方向に誘導する手法で、人は「はい」を何度も言わせられると「いいえ」**

という否定する言葉を言いづらくなり、当然、電話も切りにくい状況になってしまう。

その上で、業者は切り出す。

「私たちの会社には膝の痛みを軽減してくれるサプリメントがありますよ。胃の調子も悪いならば、もうひとつ別な健康食品もお勧めですね。よろしかったら使ってみませんか?」

話の流れはすべて肯定的に流れているゆえに、人のいい人ほど「いらない」という否定的な言葉は言いづらい。そして、つい軽い気持で「ちょっと試してみようかな」と言ってしまい、購入契約をしてしまうことになる。

ここまで見てきてわかるように、もっともこわいのは「個人情報の足し算」なのだ。だます側は相手と長話をしながら情報の足し算をして、相手の身の丈に合うようなだましの洋服を着せようとする。それゆえに、私はこれを「オーダーメイド詐欺」と呼んでいる。その人にピッタリ合ったベストなだましの話をしてくるために、「はい」という相手の意に沿った答えしか返せなくなるのだ。

「あなたが利用しているA銀行のカードが偽造されている恐れがあります」

60代女性のもと、警察から電話がかかってきた。

「預金が引き出される可能性があります。お金を家に置いておいたほうが安全ですよ」

驚いた女性はA銀行に向い、250万円ほどを引き出した。女性が家に戻ると、再び警察から電話があった。

「お金は引き出されましたか?」

「はい」

「それはよかったです。ですが、あなたのようにA銀行でお金を引き出した人の中に偽札がまざっていた人がいました。それを調べるために刑事がそちらに向かいますので、お金を確認させてください」

「わかりました」

そして、女性は家を訪れたニセの刑事に金を渡してしまい、だまし取られてしまった。

なぜ、女性は「カードが偽造された」という言葉を簡単に信じてしまったのだろうか。

実は、それには理由がある。

この詐欺電話がかかる前に、ATMシステムの保守・管理業務に携わった委託先の社員が預金者の情報を不正に取得して、キャッシュカードを偽造、口座から2000万円以上を引き出していたとして、神奈川県警に逮捕されていたのだ。

つまり、実際に起こった事件に便乗した詐欺だったのだ。こうしたニュースが流されて、地元の人たちが不安になっているところに、警察官をかたった男が「その銀行内にまだ犯人の共犯者がいる」と、でっちあげた電話をかけて犯行に及んだのである。実に、機を見るに敏な手立てである。

つまり、電話などでこの女性と話すうちに「事件の起こった銀行を使っている」ことを知った詐欺師は、警察をかたっての詐欺を思いついたのであろう。そして、女性は本人にピッタリ合った詐欺を着させられて、オーダーメイド詐欺でだまされてしまった。もちろん被害者はそんな服の注文などしていないのだが、詐欺師たちの目線から見れば本人の口から個人情報が話されることは「詐欺の服をつくってください」と、オーダーをされているようなものなのだ。

つまり、だまされないためには個人情報を足し算されるような長話はしないこと。見知らぬ相手との会話はできるだけ早く切り上げる。それが身を守ることにつながる。

「30万円値引き」というアンカー効果でだまし取る「引き算型」詐欺

「絵を見ていきませんか?」

路上のキャッチセールスに声をかけられて、絵画展に誘い込まれる。画廊を回り、鑑賞している横で、きれいな女性が語りかけてくる。

「どれか、気になった絵はありますか？」

「そうですね。この絵かな？」と指さすと、女性はおもむろに椅子を二つ持ってきて、絵の前に私を座らせる。

「あなたの見る目はすばらしい。この絵は有名画家のものでして、とても人気があります」とうとうと私の選んだ絵のすばらしさを語り出す。そしていつのまにか「絵を買いましょうよ」と言われて、商談態勢になっている。なし崩し的に勧誘する環境を作ることは、悪質な販売商法の常套手段だ。

しかし、絵自体には70万円ほどの値札がついている。

「いくらなんでも、高過ぎて買えませんね」と拒否をするも、女性はあきらめない。

「ぜひとも、あなたに持っておいてほしい絵です。購入を考えてみては、どうでしょうか？」

私が「はい」とうなずくまで商談は延々に続くわけだ。


悪質業者と、そうでないところの差はどこにあるのか？

それは、こちらが契約の拒否した時にどういう態度をとるかである。良心的なところであれば「それでは、また改めて考えて決めてくださいね」と、考えるための時間的余裕を与えてくれる。ところが悪質な業者は、その場で即決させようとさまざまな手を用いる。その時によく使われるのが引き算なのだ。

「運命の絵に会えるのは奇跡的なことです。今を逃したら二度と会えないかもしれません。今日購入しなかったら絶対に後悔しますよ」

強気で押しても、私が契約に同意しないと「わかりました！」とやや大きな声を出し、次のように語りかける。

「ここだけの話、あなただけに、特別に30万円を値引かせていただきます」

「ここだけ」「あなただけ」と言われて、30万円もの値引きをされて40万円になった絵を見ていると、自分の貯金で買える手ごろの値段に思えてくる。これはいわゆるアンカー効果と言われるもので、最初に金額の高いアンカーを打ち込んでおき、極端な値引きをすることですごく安くなったという印象を与えさせる手だ。この心理テクニックを使われて購入させられてしまう人は多い。

物を安く見せる引き算もあれば、現状からマイナスをした姿を見せて私たちをだますこともある。

「ウィルスに感染をしました」という文面がメールやパソコン画面上に出てきて驚いたことがあるかもしれない。これは、パソコンの状態をマイナスに見せて脅す手口だ。画面に表示されているURLをタップすると大手の検索サイトに似た画面が出てきて、ウィルス対策ソフトを購入するように指示がある。そしてクレジットのカード番号の入力をさせようとするわけだが、ソフト購入というのは真っ赤なウソで、相手はクレジット番号を盗み取るのが目的であることが多い。

すでにこれをおこなっていた犯人が逮捕されているが、盗み取ったカード番号を悪用して2000万円を超える被害が出ている。

情報が氾濫するネット上では、マイナスな情報を容易に発信することができ、相手を不安に陥れてだます手口が簡単におこなわれやすい状況にあるのだ。

「引き算型」詐欺にだまされないためには「マイナス発想」が効果的

「お試し商法」と言われる被害が広がったことがある。

ネット上で「今なら、初回お試し価格。通常1万円を90%オフの100円で販売」というサイトの宣伝を見て、健康食品や化粧品を注文する。

数日後、家に健康食品が届き、１００円を払う。

ここまではいいのだが、翌月も健康食品が届く。中をあけると定価1万円の請求書が入っていて、驚いて業者へ電話をかける。

「もしもし、注文していないのに商品が届きましたよ。返品しますね」

すると、業者は強気の口調となる。

「何を言っているんですか！　ネットで申し込んだ時の規約に『4回の定期購入になる』と書いてあったでしょう。そこには、今後不要の場合は初回の商品送付後に解約の手続きをするようにと書いてあったじゃないですか！」

「それは見てなくて……」

「しっかりと書いてありましたので、あと3回分は購入してもらわなければなりません」

すでに注文画面は消えており、規約の確かめようもないため、購入者は泣く泣く2回目以降、正規の代金1万円での支払いをさせられてしまう。

悪質業者は注文の際、「定期購入」の文言を消費者がスクロールしないと見えないようなずっと下の規約に書いていたり、スマートフォンではちょっと読みづらいような小さな文字にして表示している。規約などの細かい文字を読まずに、すぐにクリックして購入する利用者が多いことに目をつけた業者側の戦略である。

今は法律が改正されて、最終の申し込み画面で総額での代金を表示し、契約期間などを表示することになっている。それにより被害は減ってきているが、通信販売では大事なことを小さな文字で書いて購入者の目を欺こうとする手口は多いので、注意が必要だ。

このような手に引っかからないためには、相手の文言に対して引き算をして考えることだ。いわゆるマイナス発想の勧めである。本来、業者は儲けるために商品を販売しているわけで、90%オフで売っていては赤字になるばかりである。「それだけの値段を引き算するのは、理由（ウラ）があるのではないか？」と考えてみる。安くなった理由を考えて、心にブレーキをかけてみるのだ。案外、ブレーキをかけずに購入へと突進する人は多い。時間をかけて画面をよく見てから、注文しても遅くはないはずだ。

見た目にはわからない ニセ通販サイト詐欺の仕組み

ニセ通販サイトの被害も深刻だが、これも引き算の商法といえる。多くの人は通販サイトの値段を比較して、自分の欲しい商品が一番安くなっているサイトから注文するであろう。そのはてにあるのが、激安のニセサイトだ。注文してみたものの、商品が送られてこない結果となる。

ニセ通販サイトは見た目には普通のサイトとは変わらないため、だまされてしまいがちである。テレビ番組で、私が横で監修をしながら芸人さんとともにニセ通販サイトの実情を調べたことがある。

「ここが問題の多いとされるサイトですね。でも、見たところ普通のどこにでもあるようなショッピングサイトですけど……」

パソコンを見ながら芸人さんは言う。女性モデルを使ったファッションサイトで広告もしっかりと作り込んでいて、大手のショッピングサイトにも引けをとらないものとなっている。

そこで私は「広告にある文字列をコピーして、検索にかけてもらってよいでしょうか？」とお願いをした。広告の文字を検索すると、このサイトとまったく同じ女性モデルを使った正規のサイトが出てくる。見てみると、ページの体裁が何から何まですべて同じなのである。

「ニセのサイトは、こうした大手のショッピングサイトの画面をそっくりそのままコピーしてサイトを作っているのです」と説明した。つまり、安くなっている理由は、まったく同じサイトをパクリ、正規の値段の部分にだけ線をつけて20〜30％ほど安い価格をその下に書き込む。

こうすれば、正規サイトより安い値段に設定できる。画像がまったく同じで、値段が他よりも安いゆえに、多くの人がニセ通販サイトに申し込んでしまう仕組みになっているのだ。当然パクられていることは、元のショッピングサイトは知らない。

番組内で、この事情を正規の販売サイト側に伝えると、とても怒っていた。

こうしたパクリサイトは昼夜問わず出てきており、「1円でも安く買いたい」という心理で値段の検索をしている人たちを狙っている。だまされないためには、やはり「なぜ安いのか?」という商品の値段を引いている理由をマイナス（ネガティブ）発想でサイトを見ることが大事なる。

さらにニセサイトをマイナスの目線で見てみると、いろんなことに気がつくかもしれない。サイトのトップページではデカデカと「送料無料」を謳っているが、これは私たちの関心を惹こうするためのものではないか？　そもそも荷物を送らないから送料が無料なのではないか。こうしたひねくれた発想も一考だ。注文ページには「代引き可能」と謳っているが、サイトでは銀行振り込みしかできないようになっている。しかも注文画面を表示しても振り込み先の口座は出てこない。これはあやしくはないか？

ニセサイトの場合、たいがいあとから振り込み先の口座がメールで送られてくる。それは警察などの目もあり、サイトに銀行口座を記載すると、すぐに口座が凍結されてしまうためだ。しかもあとに送られてきた口座名も個人名で、しかも日本人でなく、外国人名になっていることも多い。そもそも会社に注文したのに、入金先が個人名というのはおかしくはないのか？　と考えることも必要だろう。

このように、サイト内のページをマイナスの視点で見ていくとアラがどんどん見えてくる。販売サイトのメインページは正規サイトのパクリなので、日本語表記に問題はない。だが、プライバシーや配送や返品などのページを細かく見ていくと何やら日本語がおかしくなっている。

番組内で芸人さんが見つけたのは「配送と返品について」の項目で、「支払い方法について、クレジットカード信用卡」となっている点である。普段、私たちが使わない「卡」などという漢字が出てきている。他にも「帰りの承認を得るためにご連絡下さい」「セール品は配送から60日以内に戻らなければなりません」など、意味のわからない日本語だらけだ。

それに「商品をちゃんとお届けするため」という、まず一般のビジネスでは使わないような文言も続く。というのも、こうしたニセサイトの多くは海外組織が絡んでいることが多く、日本語に翻訳する際に誤訳などのミスが出てしまうのだ。先の「信用卡」という言葉も、中国語で「クレジットカード」を意味する。つまり、原文を一部削除し忘れたのであろう。とくに日本語の助詞の使い方は外国人にとって難しいと言われる。「て、に、を、は」などの助詞の使い方がおかしいサイトの時には、注文をしないことが賢明だ。

このところ、年末になるとふるさと納税に便乗した詐欺が横行するが、これもまたニセサイトと同じ構図になっている。寄付金を募る自治体や、ふるさと納税を扱うサイトをまるまるコピーして、同じ写真画像をサイトに出し、正規の寄付金の額から値引きをして金を振り込ませる。だが、ふるさと納税詐欺を見抜くポイントは先のニセサイト対策と同じで、振り込み先の口座が自治体名ではなく、個人名義になっていないか。サイトの文面や申し込み画面に、日本語が誤訳されたような、おかしいものになっていないかを見きわめることだ。

「大きなマイナス・値引き」には、マッチポンプ詐欺の手法を疑うこと

詐欺師や悪質業者は、引き算を使った「マッチポンプ」の手法も多用する。これは、自

分のマッチで火をつけてトラブルを引き起こしておき「それは困ったでしょう」と、あらかじめ用意しておいたポンプの水で火を消すというだまし方である。

リフォーム詐欺業者は、家の点検に来ると建物自体は何も悪くないのに「家の屋根が壊れています」「柱がシロアリに食われて、腐っています」とウソをついてくる。そして家の状態をどんどん引き算しながら家人の不安をあおり、高額なリフォーム契約を結ばせようとする。それを聞いた家人は「不具合を改善しなければ」という思いに駆られるだろう。

だが、その時「マッチポンプ」という減算詐欺の手法を知っていれば、屋根から降りて壊れた瓦を見せても、もしかして自分で屋根の瓦を壊して見せているのではないのか？床下から出てきてシロアリを見せてきたら、それは事前に業者が用意してきたものかもしれないと疑える。そうすれば、他の業者にも調べてもらってから契約の回答したほうがいいという思いになるだろう。だまされないために、詐欺の手口用語を知っておくことも大事なのだ。

80代女性から1億1000万円をだまし取った「掛け算型」詐欺

2018年に、長男を装った男からの「鞄が盗まれた」という電話がかかってきたのをきっかけに、80代の女性は11回にわたり現金を渡してしまい、1億1000万円を超える被害に遭っている。その前年にも、70代女性が「料金に未払いのものがあるために、裁判が起こされる」という架空請求のハガキをきっかけにして、詐欺師へ電話をかけてしまい、コンビニでの支払いや宅配などの方法で金を送るように指示され、3か月ほどの間に100回にわたり詐取され続けて、5000万円の被害に遭っている。

このように、近年は繰り返し詐欺に遭う傾向が強まっている。現代の詐欺では、本人が被害に気がつくまで繰り返し金をだましとろうとする。掛け算をしながら、だましてくるのだ。

オレオレ詐欺の被害額もきわめて高額である。1回あたりにだまし取られる金額が高額なこともあるが、高齢者から金を一度取っただけでは詐欺を終わらせず、本人からまだ金が取れる余地があると思えば、繰り返し金を取ろうとするからである。その結果、数千万円、億単位の金額になることも少なくない。足し算型がペダルをこいで少しずつ前に進む自転車だとすれば、掛け算型は車のようにアクセルを踏んだだけで加速度をつけて、一気に前へと進んでいく。だましのスピードが格段に違う。

詐欺犯や悪質業者が摘発されると、たいてい数万人規模の名簿を持っている。名簿には、高額商品を購入した人物の氏名や住所、電話番号から過去に詐欺被害にあったリストまでもある。詐欺師たちは、そうした膨大な個人情報を使って、過去に詐欺や悪質商法の手の内にはまった人を何度もだまそうとしているのだ。つまり、名簿を使っておこなう詐欺も掛け算型と言える。

「掛け算型」詐欺を一発で撤退させる究極の「質問」とは？

詐欺では、相手にどのような話を展開するべきなのか、あらかじめ決まっており、マニュアルによる準備ができている。つまり、詐欺組織は効率よく掛け算でだますための車を持っており、被害者がひとたび詐欺の車に乗せられてしまうと、身ぐるみはがされるまで降りられなくなってしまう。

車から降りるためには、運転手である詐欺師に「止めてください」と話しかけてブレーキを踏んでもらわなければならない。「それはひと筋縄にはいかないな」。そう考えることだろう。確かにそのとおりだ。だが、彼らに話をやめさせるためのコツはある。

どうすれば、彼らにブレーキを踏ませて私たちを車から降ろす行動をとらせることができるのか。

「未納金が178万円があり、裁判になっています」

今、大手IT企業をかたって、電話番号だけでメッセージを送信できるSMS（ショートメッセージ）を使った架空請求詐欺が横行している。そこで、テレビ番組で芸人とともに架空請求業者へ電話をかけてみると、某IT企業の法務部なるところから、先のような折り返し電話がかかってきた。

「え〜、そうなんですか！」

あわてる素振りを見せる芸人に、電話口の男は「弁護士を紹介しましょう」と言ってきた。紹介された弁護士の名前を調べたが、そんな人は存在しない。ニセ弁護士とはわかっていたが、番組ではあえて手の内に乗ってみることにした。

指定された事務所に電話をかけると、ニセ弁護士は「あなたには未納金の発生があり、裁判所に訴状が提出されている。それを止めるためには供託金を納めなければならない」と言い出した。

「おいくらでしょうか？」

「53万4000円になります」

話にリアル感を持たせるために、細かい数字を提示してくるのも手だ。

「支払い方法は?」と尋ねると、「銀行のATMから裁判所の口座に振り込んでください」というのだ。

ここまでは、架空請求詐欺の流れでよく見られるものだった。だが、ここからが違っていた。振り込み先の口座名を尋ねると「○○会社、支店名、○○支店になります」と答える。私は横で話を聞いていて驚いた。それは、振り込み先が実在の企業名になっていたからだ。

通常、送金先は詐欺犯らによって売買された個人口座になっていることが多い。それゆえ、詐欺の口座だと気がつけば警察や銀行に連絡すればすぐに凍結してもらえて、後に返金される可能性もある。

しかし、それが実在する企業の支店の口座となるとそうはいかない。これは、どういうことなのか? ニセ弁護士は振り込み先の口座を伝えると「ここからが大事になります。しっかりとメモしてください」と言う。

「まず依頼人の名義変更をしてください。この方は裁判所の事務官の名前になります。番号は『※※※※』、カタカナで『○○○○』の名前で入力してください」

実は、ここにカラクリがあったのだ。調べてみると、相手が伝えてきた口座は仮想通貨の交換業者のものだった。つまり詐欺犯が「事務官の名前に変更してください」と言ったた

のは、仮想通貨に登録してある人の口座に金を振り込ませるための口実だった。もし、このまま入金してしまうとビットコインなどの仮想通貨に交換されてしまい、さらに海外口座などの別口座に送金されれば、もはや金の行方はわからなくなってしまう。

当然ながら、この手口でいったん金を払うと「カモリスト」に名前が載ってしまい、次々に詐欺の電話がかかってきて、掛け算式に金をだまし取られることになる。

そこで、二度と電話がかかってこないようにするために、芸人に疑いの言葉をぶつけてもらった。

「あなたの弁護士事務所の住所を教えてください」「今回の裁判の事件番号は何番ですか？」としっかりとした口調で尋ねてもらうと、相手は答えに窮した。詐欺だとバレたと思ったようで、一方的に電話を切ったのである。

ここに、だまされないための鍵がある。もし相手に詐欺電話をやめさせようとする時には「詐欺だと疑われて、警察に駆け込まれる可能性がある」と思わせることである。

そのために、相手の身元を確認する。

詐欺ゆえに、自分の身元は偽ろうとする。「料金未納がある」と主張してくるならば、その未納先の会社や担当部署、裁判の事件番号までしっかりと尋ねて、事実を確認する。

もともとウソの話なので答えられない。ここでも、引き算型の対策で提案した「ネガティブ思考」が有効になる。詐欺師は悪知恵に長けているわけだが、頭が良過ぎるのも厄介なことで、こちらのネガティブ発言に対して悪知恵のある人ほど先読みしてしまいがちなのである。

「このまま話をすれば詐欺だという確証を持たれて、警察に通報されかねないな。すると、捜査の手が入り、逮捕されるかもしれない……」と、どんどんマイナス思考に陥り、話を急停止して私たちを詐欺車から放りだしてくれる。

詐欺師はこちらの思惑を読みながら話を先に進めるわけだが、それを逆手にとって話をやめさせるわけだ。彼らのアキレス腱は「警察の捜査による逮捕。そして詐欺組織の壊滅」である。こうなると詐欺ができなくなり、金を詐取できない。それに行きつかせるような話をするのが、だましの話にブレーキを効かせるコツなのである。

ただし、これだけで終わりにしてはいけない。大事なのは電話を切ったあとの事後処理だ。信頼のおける知人や専門家に相談して、意見を仰ぎ、今後の対策を考えておく。というのも、掛け算型の詐欺ではその後に形を変えて詐欺の電話がかかってくる恐れがあるからだ。案外、これをおろそかにしている人が多い。そのこわさは後に述べたい。

詐欺師がだますための事前マニュアルを準備しているとすれば、私たちもだまされないための詐欺電話への対応マニュアルを準備しておく必要がある。緊急時には誰に相談するべきなのかを決めておき、さらに消費者ホットライン「188」や「110」や警察の相談専用ダイヤル「#9110」といった、番号にワンタッチで電話をかけられるようにしておくことも必要だ。

「月1万円の支払い」と安心させる「割り算」型詐欺の巧妙な手法

「私たちの会社では、広告のチラシを配ってくれる方を探しています。1か月300枚を配れば3万円ほどの収入になりますが、ご興味はありますか？」

女性の声で電話がかかってきた。

少しでも収入を増やしたいと思っていた私は「ええ、月に3万円の収入はとても魅力がありますね」と答えた。

「どんなチラシなのですか？　ピザ？　それとも引っ越しですか？」

「通信販売のチラシです」

そこから30分ほど、チラシ配りの説明が始まる。

「私たちは通信販売の会社なのですが、最近、通信販売で物を買いましたか？」

「ええ、デジタルカメラを買いました」

「そうですか。驚くほど安くなかったですか？」

「はい」

「通信販売って、ほんと安いですよね。当社でも有名ブランドのバッグなどを扱っていますが、直接問屋さんから仕入れるので定価よりかなり安くなるんです。たとえばグッチのショルダーバックが定価9万3000円のところ、4万6000円といった感じです。たくさんのお客さんに喜ばれています」

「そうなんですか」

「私たちがあなたの住んでいる地域を調査したところ、かなりのお客さんが見込めるとの結果が出ました。そこで今回の募集になったのです！」

それにしても、今日初めて私に電話をかけてきて、すでに住んでいる場所を知っているのはちょっと気味が悪い。すでに個人情報がもれているということだろう。

「具体的には、みなさんに毎月最低300枚のチラシを配ってもらいます」

通常、チラシ配りの相場は1枚あたり3円ほどである。

ところがこの仕事は300枚で3万円。

ちょっと待てよ。ということは1枚あたりの単価が100円になる。あまりにも話がおいしすぎる。何かカラクリがありそうだ。

「配ってもらうチラシ1枚1枚には、あなたのサポート番号が入ります。それでそのチラシから注文があれば、その売り上げの10%があなたの収入になります」

ここで、不意打ちで質問をしてみた。

「チラシを配っても注文の引き合いが来なければ、お金は入ってこないということになるよね」

「いいえ、みなさん平均的に3~5万円は収入を得ています」

「平均いくら稼げるとかそういう話じゃなくて、注文がなければお金は入らず、ゼロということだってありえるんだよね」

「ですから、みなさん最低3~5万円の収入はありますから心配しなくても大丈夫です」

「みんながどうかではなくて、収入ゼロということもありえるんだよね」

「これまで、そうしたことはありませんから……」

私の質問をはぐらかすような答えばかりを返してくる。

受話器の向こうの女性はマニュアルの段取りどおりに話が進まない状況に、あわてている様子が言葉の端々に出ていた。

ついには、最後に話すべきことをこの段階で口にした。

「チラシ配りを始めるにあたって、月々2万円の手数料がかかります」

「ほう、2万円の手数料ですか」

すでに述べているように、これは手数料を口実にしたローンの支払いである。

ごまかしは頂点に達した。私は彼女の言葉をさえぎり、「要はローンを組むということでしょ?」と言った。彼女は想定していない言葉をぶつけられて、「まあ、そう言われればそうですね」と、つい本当のことを口にした。

「で、トータルいくらなの?」

もう隠しきれないと判断したのか。

「2万円を2年払いで参加していただき、トータル48万円以上かかる契約になります」

もちろん私は「そんな高い契約はしません」と断った。

女性が「月々2万円の支払い」と言ってきたように、商品購入の契約をさせる時に「割り算」を使う業者もよくみかける。「高額な商品なので買えません」と言うと、「月1万円なら、お金は出せるでしょう」と言って分割払いにすることで割安さを感じさせて、了解を取りやすくする狙いがあるのだ。

この割り算的発想こそ、現代詐欺の特徴と言えるものだ。

被害が深刻な振り込め詐欺を見ても、複数人で役割を決めて詐欺をおこなう劇場型の手口が使われる。事前に詐欺のストーリーを作っておいて、話の展開をいくつかに分割しておき、息子役からスタートし、上司、弁護士、警察官、息子の同僚などが次々に電話に出ながら高齢者を篭絡していく。ここでは割り算の発想で役割分担をして、多人数対個人の構図をつくり、詐欺師にとってダマしやすい有利な展開を作り上げる。

すでに「お金をあげます」「儲かる話があります」という迷惑メールを紹介したが、ここにもまた、割り算の発想が潜んでいる。このメールの誘いに乗ると出会い系サイトに誘導させられて、「お金をあげる」という人物と有料メールのやりとりを数多くさせられる。

さらに「お金を受け取る、手続きしてください」と指示しながら、手数料を払わせるなど多額の金をふんだくられる結末が待っている。

中には「遺産をあげます」などというメールもあるが、こうした迷惑メールは以前からあり、うさんくさくてほとんどの人が引っかからないと思われているのに、なぜこんなにも無駄と思われるメールを詐欺業者は数多く送り続けているのか？　と思う人もいるかもしれない。

それは、その情報内容でだまされる人がわずかでもいればいいからだ。ターゲットの1

％でいいために「1％理論」とも言われる。メールで情報を送るのはタダなので、全国の100万人に送ったとして、メールの内容に興味をもってそれを読む人が1万人いればよい。さらに、1万人のうちにサイトへアクセスして金を払う人が1％、100人いれば十分に儲けられることになる。

ここでは、「割り算」の考えで迷惑メールをまき散らしながら、近づいてきた人をだましの網ですくっているのだ。

割り算型でだまされないための「不意打ちの質問」とは？

割り算型は、事前の緻密な計算があっておこなわれる。振り込め詐欺では、息子役、上司役、弁護士など、順番に話をしながら説得しようとする。リレーマラソンで言えば、言葉のバトンを次の人に渡しながら、最終アンカーにつなげて金を支払うゴールにいたらせようとする。

つまりこの割り算型の欠点は、段取りを気にして結論が遅くなることがある。ゆえにだまされないために効果的なのは、相手の話をさえぎっての「不意打ち」の質問だ。

私が潜入した勧誘先で説明を受けている途中で「それで、結論は何？」「お金はいくら必要なの?」と聞くと、相手は露骨に嫌な顔をする。勧誘には起承転結で話すマニュアルがあり、本来最後に話すべきことを、私が先に聞いたためにペースが乱されたがゆえの表情なのだ。

これを繰り返すと、自分の段取りどおりに話が進まず私を面倒な客と考え出して、あっさりと勧誘先から去らせてくれる。

「チラシを配っても、注文の引き合いが来なければお金は入ってこないということになるよね」

先のチラシ配りを口実にした高額な契約への勧誘に対して、私は不意打ちの質問をした。相手が「いいえ、みなさん平均的に3〜5万円は収入を得ています」と答えても「平均いくら稼げるとかそういう話じゃなくて、注文がなければお金は入らず、ゼロということだってありえるんだよね」と、聞きたいことの論点をずらされずに話を進める。そして「要はローンを組むということだよね」と、結論を先に言わせて勧誘マニュアルの段取りどおりにいかないようにさせて、悪質勧誘を撃退した。

常日ごろ、私はだまされないための方法として、詐欺師や悪質業者に対して「面倒な客になる」ことを推奨しているが、そのコツは不意打ちの意見や質問をすることなのだ。

被害多発の悪質商法が使う割り算型の手法のウラ側

「新規ビジネスの説明会があるので、来てみませんか？」

40代女性から電話がかかってきた。

「どんなビジネスですか？」と尋ねるも、くわしくは話さない。何度聞いても、「まずご自分の目で確認してください」という、はぐらかした答えが返ってくるだけだった。

そしてセミナーに誘い込まれたわけだが、私のような新規の勧誘者はなるべく前のほうに座らされて、周りを常連らしき人たちが囲むスタイルをとる。常連の会員と思しき人たちは一様にうなずき、講師の動きに合わせて拍手するなど、その場の雰囲気に私のような新規勧誘者を巻き込ませようとする狙いが透けて見える。

壇上の講師の説明によると、携帯電話につける1万円ほどの小型の付属機器を、MLM（マルチレベルマーケッティングシステム）、つまりマルチ商法の形で販売すれば儲かるということだった。

本来、この勧誘であれば誘う前にマルチ商法であることを告げて自らの会社名を明かして、販売システムに参加する際にあたり、負担金がかかることもあらかじめ告げなければならない。しかしながら、何ひとつ事前に告げられておらず、きわめて違法な勧誘手法であると言わざるをえなかった。実は、こうした勧誘による被害があとをたたない。

セミナー後、女性は「もっとくわしい話をしたいので、喫茶店に行きましょう」と誘ってきたので、私はあえてその誘いに乗ってみた。

席に着くと「ちょっと質問してもいいですか?」と尋ねたが、女性は困った表情を浮かべる。

「このあとビジネスの成功者である男性が話をするので、その人に質問してほしい」

その男性は、浄水器の販売で数千万円の利益を手にした人物らしい。

「この男性はすごい人ですから」と持ち上げて、「くわしいことはその人に聞いてもらえますか?」というだけだった。

「ずるずる……」彼女は突然、私から目線を外して、注文したアイスコーヒーにストローをさして、音を立てて飲み始めた。コーヒーがなくなっても、私にこれ以上の質問はされたくないとばかり、うつむきストローを吸い続ける。私には、この音が単なるストローで吸う音ではなく、「ズルいことをするよ」の「ズルズル」音に聞こえてきて、警戒心はマックスになっていった。

まもなくして、50代のやり手そうな男性がやって来た。

「このビジネスに参加すれば、（勧誘を）やればやった分、（紹介料などが入り）儲かるので、参加しましょう」

さらに、「私はこれまでにさまざまなビジネスを手がけてきましたが、このビジネスはものすごい！　まだ誰もこのビジネスのすばらしさに気がついていないので、今から始めればかなり稼げます。今は1か月以内に代理店契約をしてくれる人を3人以上見つけて入会させると、さらに数万円のボーナスも受け取れるキャンペーン期間です。いい時に参加しましたね」と、延々と話をしてくる。最後に、ようやく参加するための費用が20万円ほどかかることを告げてきた。

「やってみましょうよ」

私を連れてきた女性は、ひたすらに目を輝かせ、しきりにうなずき、男性とともに参加を促す。

詐欺・悪質商法が多用する「ABCテクニック」に対抗するのも「質問」

マルチ商法の勧誘では、説明会場で儲かる話を訴えたあと、個別に喫茶店などに連れ込み、2人以上で契約の説得にあたるのがパターンだ。これは「ABCテクニック」とも言われる。

A：アドバイザー（説得役）、B：ブリッジ（誘い役）、C：カスタマー（客）の形をとり、まず知人が「ブリッジ（B）」として、「友人（客）」に声をかけて、説得上手なベテラン、アドバイザーのもとに連れてくる。

ここでは、連れ込み役のBの「つなぎ」（ブリッジ）という行為が重要で、説得役Aにつなげるために、「自分が足元におよばないような、すごく儲かった人だ」と持ち上げて、客（C）に話を聞かせるという流れをつくる。

先の事例で言えば、Bは「新規ビジネスの説明会があるので、来てみませんか」と誘ってきた40代女性だ。このつなぎ役がしっかりと「話す人」「聞く人」の役割の序列をつけることで、誘われた人が聞く耳をもつようになる。

この序列はマルチ商法においては絶対で、私が「ビジネスについて、ちょっと質問してもいいですか?」と尋ねても、「このあと、ビジネスの成功者である男性が話をするので、その人に質問してほしい」という答えを返してきたように、自分は出しゃばらないように細心の注意を払っている。

そして、「これからお話をする人は、浄水器の販売で数千万円の利益の利益を上げたすごい人ですから、ためになる話が聞けると思います」とひたすらに持ち上げて、Aの登場への舞台準備を整える。

満を持して、Aである50代の男性がやって来る。そして、勧誘の幕があく。目力を込めながら「このビジネスはすごい。これまで儲かるビジネスで実績を上げてきた私が言うことだから、まちがいない」と自信満々に言ってくるわけだ。

このように、マルチ商法ではABCの勝利の方程式で勧誘するわけだが、この誘いもまた、役割分担をした割り算の構造になっている。「儲け話があるから話を聞かないか」「会って話がしたい」と、三者の図式で勧誘を進める手法は、詐欺や悪質商法のいたるところで使われる。

霊感商法をおこなっていたキャッチセールも同じだ。5章の「バトンタッチ」のところで話を展開したように、街頭や訪問先で出会った人(C)を、キャッチセールスなどの連れ込み役（B）が、「占いのすごい先生がいますから、来てみませんか？」と、ニセ占い師役（A）のもとに誘い込む。とくに今はスマートフォンの普及によって、こうした組織だった勧誘がしやすくなっている。SNSを使えば相手の状況を把握しながら、見知らぬ相手であってもメッセージのやりとりをしながら、友達としての信頼関係がつくりやすいからだ。今は、昔に比べて、B⇒Cへのアクションが取りやすく、勧誘がしやすい状況になっていると言える。

ただし、マルチ商法の場合は、割り算だけではない複合的な計算式になっている。この商法の特徴に、ネズミ算式に人が増えていくことがある。紹介した人が親になり、紹介された人は子となる。そして、その子が親となって誰かを紹介して、どんどん販売の組織は広がっていく。つまり、勧誘には掛け算型も取り入れているのだ。

車のパーツにたとえれば、紹介するという掛け算の行為は「車輪」であり、役割分担をして割り算型で人を勧誘する手法は、それを動かす「エンジン」とも言える。この場合、割り算型の手口の対処法をすることで、掛け算型の詐欺車を止めることにもつながる。

掛け算型では、だまされないためにネガティブな話でブレーキをかけさせて車を降りることの話をしたが、エンジン自体を止める方法がわかっていれば、車を止めやすくなるだろう。それこそが、不意打ちの質問なのだ。

マルチ商法においてABCの形を取って誘う理由には、新しく入会した人は勧誘の手法にくわしくないが、未開拓の顧客リストをもっている。そこで、勧誘未経験者（B）に顧客をセミナーに誘ってもらい、アドバイザーにつなぐという割り算の形を取ることで契約の実績を上げる狙いがある。

そこで誘われた時、Bに「あなたは、このビジネスを始めてどのくらい？」「何人、紹介したの？」と尋ねてみる。もし入会して間もなければ、「あなたは、どのくらい稼いでいるの？」と聞いてみる。たいてい、入会したての人はさして儲かってもいないはずだからである。

それなのに、本人がもし「とても儲かるビジネスだ」と言えば、「あなたはビジネスを始めて短いのに、なぜ儲かるビジネスだと断言できるの？」と言ってみる。

説明会へ誘われた段階で、結論である「参加するのにいくらかかるのですか？」と費用を聞いてみるのもいいだろう。そして勧誘者に「お金を払って参加しなければならないような契約をさせるセミナーだったら、参加しませんよ」と事前に言っておく。すると、紹介者（B）は泡を食ったような表情になる。まちがいなく、誘う人の状況は次のバトン走者であるアドバイザーに伝えられるので、こうした面倒くさい人の状況を聞けば、アドバイザーはバトンは受け取りたくないと思う。不意を突くような嫌がる質問こそが、勝利の方程式をぶち壊して、相手を撃退する鍵となる。

新型の「四則演算詐欺」の手口には「ネガティブ思考」「不意打ちの言動」を

足し算（＋）引き算（－）掛け算（×）割り算（÷）といった詐欺師の四則演算の手法を見てきた。これを使って私たちをだまそうとしていることに気づかず、会話をし続けると、恐ろしい結果が待っている。過去に起きた事件を見てみよう。

「この地域に被災者に向けの家を建てたいので、名義を貸してほしいのですが」

高齢女性のもとに、商社の社員を装う男から電話がかかってきた。

昨年は、豪雨や地震による被害が多発して、テレビには避難所で生活する人の姿が映し出されている。

そうした姿を思い浮かべながら、女性は「困っている被災者のためなら」と思い、「わかりました」と同意をする。

すると、その後、別な業者から電話がある。

「あなたは名義貸しという犯罪をおこないました！　警察に通報します」と脅されてしまう。この手口で、ある女性は5回にわたって金を送り、1億4000万円をだまし取られてしまっている。

この場合は〝被災者の家〟だったが、それを〝老人ホーム〟に入れ替えられて、高齢者がだまされることも多い。

事前に、高齢者宅へ「地域に住む方限定で、老人ホームの入居権利が当たった」というパンフレットを届けておく。これを見た高齢者はとくに興味がないため放っておくと、数日後、山田（仮名）を名乗る業者から「このあたりで、老人ホームの入居権利のパンフレットが送られている人がいないか探していましてね」という電話がかかってくる。すると、高齢者は「ありますよ」と答える。

男は、驚いたような声を出す。

「本当ですか！　あなたは選ばれた人なのですね。やっと見つかりました。ぜひとも、その権利を譲っていただけませんか？　もちろん代金は当方で負担しまして、あなた様にも謝礼はお支払いします。と言いますのも、被災されて家をなくして老人ホームに入居したくてもできない入居希望者が当社にはたくさんおりまして」

ここで対応はわかれるだろう。

「名前を貸してくれれば、若干の謝礼を差しあげます」との言葉に「わかりました」と、権利を譲ることを了承する人。その逆で「別にお金は欲しくないから、名義は貸しません」と断る人だ。ところが、どっちの答えをしてもだまされてしまうのだ。ここに詐欺の恐ろしさがある。

もし同意したとしよう。

権利を譲ることにした人には、先の事例のように「あなたの名前以外の人（山田）から入金がありました。あなた自身が住むつもりもないのに、他人に名前を貸した行為をしたとなると、あなたは名義貸しという犯罪をおこなったことになり、犯罪者として逮捕されます」と脅されて、金をだまし取られる。

それでは、申し出を断った人はどうなるのか？

後にパンフレットを送ってきた業者から電話がかかり、「名義人であるあなた以外の人から、当社に代金が振り込まれています。購入権利者とは違う人からお金が振り込まれている。これは、重大な犯罪行為になります」と脅すような言葉が浴びせられる。

たとえ「いいえ、私は名義を貸していません」と毅然とした態度をとったとしても、相手は「あなたは山田という人物と話をしたでしょう」という事実を突きつけてくる。それに対して、家人が「ええ。ですが、私は断りました」と言っても、業者は「それは当方では確かめられませんので警察に相談します」などと一方的に言ってくる。

本人が予期しない状況でパニックになっているところに、警察を名乗る者から電話がかかる。

「山田に犯罪をおこなっている疑いがかけられています」

家人がいくら「私は関係ありません」と言っても、「あなたも共犯ではないかという嫌疑がかけられており、このままではあなたの家に捜査の手が入ることになります」と言われる。さらに、弁護士などが「あなた自身が正規の手順にのっとってお金を払えば、業者は告訴を取り下げて、この件はなかったことになりますよ」と電話をかけてきて、高齢者は面倒なことに巻き込まれたくない思いから金を払ってしまう。

役割分担（割り算）をしながら、もっともらしいトラブルの状況をつくりだして言いがかりをつけるのは、詐欺の得意技だ。相手の提案に対して「はい」という答えをするとだまされるのは言うまでもないが、「いいえ」という否定的な発言をしても、すでにそれに対する詐欺の方程式は準備されており、何かしらの因縁をつけられてだまされてしまうことになる。

この手口を見てもわかるように、話は後半にいけばいくほど心理的に逃れなくなる。と

いうのも、ウソの詐欺話がどんどん足し算されて、相手のウソが見抜きづらい状況となるからだ。そして、一度だまされれば、繰り返し（掛け算）詐欺の電話がかかってきて、高額な被害に膨れ上がってしまう。

ゆえに、四則演算でやって来る詐欺の手口に対して、できるだけ早い段階でネガティブ思考、不意打ちの質問などをして電話を切ってしまわないと、取り返しのつかない状況になってしまうのだ。

第7章

詐欺師から身を守る「言葉」と「話の進め方」

相手にペースを握られないための話の進め方

「ロト6の当選番号が事前に入手できるので、当たり番号わかります」

嘘の当選番号を伝えて情報料金をだまし取ろうとするロト6詐欺業者からの電話に対して、取材を進めていた番組スタッフに問いただしてもらった。

「そんな当り番号が事前に全部わかるなんてことはないですよね」

しかし、業者は「この情報は事実で、詐欺ではありません」「私たちは日本宝くじ連盟という、しっかりしたところから情報をもらっているのです」と言い張る。ノラリクラリと追及をかわし続けて、なかなか尻尾をみせない。そこで私がスタッフに代わり、電話に出た。

「あなたは仕込み情報（当選番号）を入手する先が日本宝くじ連盟だと言っているようですが、そんな団体はないですよね。私は（ロト6を扱う）みずほ銀行にも確認しましたが、『そんな団体はありません』と言われました。なぜ存在しない団体名を使うのですか？」

すると、業者は反論する。

「〝ない〟というのは、あなたの尺度で判断しているだけだ。あなたの尺度で決めつけないでほしい」

「いいえ、これは私の尺度ではありません。ロト6を運営する日本宝くじ協会にも聞きました。こちらからも存在しないと聞いています。日本宝くじ連盟はどこにあるのですか？ありもしないものを、どうやって調べて確認すればいいんですか？」

「赤坂にある」

「赤坂のどこですか？」

でまかせの発言ゆえに、私の質問にははっきりと答えず、「特殊法人というのはですね……」と話をはぐらかし始めた。

人は状況が悪くなると、すぐに話を本筋からはずそうとしてくるものだが、とくに詐欺や悪質業者の場合、それが顕著だ。それゆえ私が詐欺業者と対決する時には、論点をずらされて相手のペースで話が進まないように気をつけている。

「ところで」と相手の言葉を遮り、「特殊法人とはどういう法人なのですか？」と尋ねた。

「それは一般公開されていないものでして……」

「ですが」

再び、私は言葉を遮った。

「一般公開されていないものを、どうやって確認すればいいのですか？　一般公開されておらず私たちが確認できないものは、存在しないのと同じですよ。ウソの上塗りはやめなさい。赤坂のどこにあるのですか！　言ってみなさいよ」

何を言っても私に話を元に戻されて反論されるので「あなたともう話をすることは何もない」と逃げ始める。しかし私は逃がさない。

「ところで、お宅の従業員は何人いるのですか？」

「えっと……」

「今、周りに何人いるのですか。言ってみなさいよ」

「……」

「どうして言えないのですか。ホームページには32人となっていますね。ここのある住所に32人の社員がいるのですね」

もうウソを重ねても、逃れられないと思ったのだろう。

最初に電話に出た男性（番組スタッフ）に代わってほしいと言い出した。電話を代わると、「すでに手付けとして払っていた1万円を返すから、もうこの話は終わりにしてくれ」と業者は懇願しはじめた。スタッフが「返さなくてけっこうです」と言うも、男は「返します」を繰り返す。最終的には、二度と勧誘の電話をしないことを約束させて電話を終えた。

どのような手口で業者がウソをつき、金を取ろうとしてくるのかの流れを番組では十分に伝えられる内容になったので、これで調査終了とした。

しつこ過ぎるギャンブル系詐欺には、「ところで」と話を切り返すこと

今もなお、ロト6や競馬の当たり番号が事前にわかるから教えると言って、多額の金をだまし取るギャンブル情報系の詐欺は起り続けている。人々が電話の詐欺にだまされてしまうのは、話のペースを相手に握られてしまうことがある。とくに高齢者の場合、ある疑問が浮かんで聞きたいことがあっても、言い出すきっかけを与えられないために、その疑問すら忘れてしまう。

もし疑問を口にできたとしても話を巧みにずらされて、しっかりと答えてもらえないことも多い。確かに相手の話の腰を折って質問したり、話を元に戻すのは難しいことかもしれない。だが、切り返すためのコツはある。

それは、「ところで」「ですが」である。

先の詐欺業者との会話を見てもわかるかと思うが、自分の話にグッと引き戻そうとする際、私は会話の中に「ところで」「ですが」の接続詞を入れて、相手の話の腰を折るようにした。これは相手のペースを乱して、話の主導権を握る会話術でもある。

業者の話を聞いてしまい、「一気に相手のペースに飲み込まれて、契約話に持ち込まれそうだな」と思ったら、相手の話の途中であっても「ところで」と口をはさんでみる。たいがいは「はい、何でしょう？」と聞き返すだろう。その時は「今日は話を聞くだけでいいと、はじめにおっしゃいましたよね」と話を戻す。

「ええ」

「ですので、今日はいくらお話をしていただいても契約はしませんよ」

えてして悪質な業者の中には最初は「話を聞くだけでいいから」と言っておきながら、強引に契約を持ち込ませようとすることも多いからだ。相手のペースに話をもっていかれないためには、「ですが」「ところで」といった短い接続詞を差し込んで、まず流暢な相手の話を止める。これは詐欺に限らず、一般のビジネスの交渉事でもこうした切り返しの接続詞を知っておくことは、自らの主張を展開する状況をつくる上でとても有効であろう。

最後に弁護士が登場する「医療法人事業債」勧誘詐欺のカラクリ

日本人は断り方があまりうまくないと言われている。悪質業者を撃退するために「いりません」「契約しません」と、はっきりと断りましょうと言われるが、勧誘の現場でそれを実践することの難しさを感じている人も多いのではないだろうか。

しっかりと相手に「NO」を突きつけることは大事なことである。だが、「はっきりと、断りましょう」というだけの助言も不親切だと思うことがある。というのも、どのタイミングでどのような言葉で断ればいいのか、何も説明もしていないからだ。私も常々、潜入した勧誘現場で相手の勧誘話を断って終わりにするのは本当に難しいと思っている。断るということを身を守るための武器にしようとすれば、「どこのタイミング」で「どのような言葉」で断るべきなのか、もっとしっかりとしたアドバイスが必要なはずなのだ。詐欺は点ではなく線で考えると述べたが、これは断り方にも当てはまることなのだ。

あやしい話が来たら「毅然とした言葉で断って、撃退すればよい」と思っている人も多いかもしれない。だが、ものを言い過ぎて詐欺師に知恵を回されてしまい、大きな落とし穴にはまってしまうこともある。


「債権を高値で買い取りたいので、ぜひとも購入しておいてほしい」

高齢の女性宅に、医療法人の事業債が購入できるというパンフレットが届いた。その後、買い取りたいという業者から電話がかかってきた。

女性はニュースなどで見聞きしていた、買い手を装って電話をかけて金をだまし取る詐欺話に似ていることから、はっきりと断ろうと思った。

「これは、詐欺でしょう！」と一喝して、電話を切った。

これで女性は詐欺業者を撃退できたと考えたに違いない。

しかし、この言葉があだとなった。その後、弁護士をかたった人物から電話がかかってくる。

「当社は、法律を守って活動しているまっとうな会社です。それにもかかわらず、あなたは当社の社員を詐欺呼ばわりしましたね。これは名誉棄損という罪にあたります。あなたを訴えます」

裁判沙汰にあわてた女性は、弁護士を装った男からの「事業債を買って売ってくれれば、この件を穏便にすませる」という提案に応じてしまい、数百万円をだまし取られることになった。この女性の断り方のどこがよくなかったのだろうか？

うまく断るには、どのタイミングで断り文句を口にするかが大事になる。一番いいのは、相手の話をほとんど聞かずに「いりません」と断ることだ。その点については、私は女性のとった対応自体は悪くないと思っている。

先日も家に、インターフォンを鳴らして扉をどんどん叩く人がいる。あまりにもしつこいので「どなたさまですか？」と尋ねると「ガスの件です」と言うので扉をあけてみた。

作業服の男性が立っている。

「実は、ガスの自由化の件でお話に来ました。電気代など……」

そう言った時点で私は電力自由化に絡む営業とわかったので、「自由化のお話はけっこうです」と言って扉を閉めた。扉越しに「お話だけでも……」と言うも「いりませんから」と言い、あとは無視した。すると、勧誘者は別な住人のところに向かっていった。

悪質業者は最初の声かけで見込みのある客かどうかを判断するので、門前払いすれば「見込みなしの客」と思って、あっさりと引き下がることが多い。それゆえに、門前払いは撃退にとても効果的なのである。

このような観点から、勧誘電話を受けて間髪入れず高齢女性が断ったことは正しいのだ。ただし、女性はどんな断り文句を話すかで失敗した。

「これは、詐欺でしょう」という言葉は撃退にはよさそうに見えて、実はきわめて危険な言葉なのだ。もし私が先の訪問業者に「あなたのような、しつこい、迷惑な勧誘をする人は帰ってください」などと言えば、相手は「しつこい」「迷惑な」という言葉にカチンときて、扉を閉めても何度もドアをたたき続け、怒鳴りだすかもしれない。実際に大声を出して近所迷惑な行為を繰り返して、扉を開けさせるという手もある。

ゆえに、相手が悪質業者や詐欺師であっても、人格を踏みつけるような言葉を吐いてはいけない。それに対して頭にきた相手は、どんな悪知恵を回してくるかわからないからだ。「しっかりと断りなさい」ということは大事だけれども、やり過ぎると相手の心に火をつけて、攻撃的にさせてしまうことだってありえるのだ。

もし断るならば、シンプルな言葉が一番だ。忙しい様子で「いりません」「けっこうですので、お帰りください」と追い返す。訪問販売員みんなにしているような手慣れた感じで断るのがよい。

詐欺・勧誘の言葉に乗ってしまったら「あのですね」を連呼して話を切るのが一番

もし相手の話を若干でも聞いてしまったら断りづらくなる。その時、心にとどめておいてほしいことは、勧誘話は途中で打ち切ってもいいという意識だ。勧誘者の話を最後まで聞いてしまう人の中に、相手の話の腰を折ってはよくないと考えてしまうことがある。しかし、そうではない。向こうから押しかけてきてこちらの時間を奪い、話を勝手に進めているのだから、いくらでも相手の話の腰は折ってもいいのだ。それが話を聞く側の特権である。ただし、話の腰を折ると相手が怒りだす時もある。

「ちょっと関心がないお話ですので、今回はけっこうです」

勧誘先で、私がある程度話を聞いてから席を立とうとすると、相手の業者は怒鳴りだした。

「人が話しているのに何ですか！　失礼な態度ではありませんか！」

威圧という手段で、私をねじ伏せようとしてきたのだ。だが、その時は次のように言葉を返すようにしている。

「お客に対して、その口のきき方は何ですか。態度がよくありませんね」

さらに、たたみかける。

「わざわざ時間をとって話を聞いてあげているのは、私のほうですよ。そんなものの言い方をするあなたとは、二度とお話したくありません」

そう言って、席を立つ。向こうに目に見えて非がある場合は、多少、相手の人格に触れて断るのはオーケーだ。実際のところ、ここまでは言わなくてもよいだろうが、「自分の時間を貸してあげている」のだから、自分にとって必要性のない話であれば会話を終わりにする。そうした意識をもっていれば、断りやすくなるだろう。

それを相手にわからせるために、「申し訳ありませんが、あまり興味がないのでお話を終わりにしてもらっていいですか」と、自分の意志をはっきりと伝える。ここで大事なのは、最初は「申し訳ありませんが」と謙虚な姿勢でものを言い、最後にしっかりと「今回の話は、お断りします」と言うことだ。二段構えでの断り方が効果的なのだ。

ただし、電話勧誘の場合は向こうが一方的に話すので、なかなか断り文句を口にできない時も出てくるかもしれない。その時の断り方としては、相手の話す声にかぶせて「あの」「あのですね」と、何度も話す。そのうちに無視できなくなり「何ですか?」と聞いてくるだろう。それに、いくら喋りに長けていても相手は人間である。必ず息つぎをする瞬間がある。そうした合間を見逃さず、「あの、ちょっといいですか」の言葉を差し込む。すると相手は「何でしょうか?」と尋ねざるをえなくなる。こうして相手の話のペースを止めたうえで、「もうこれ以上のお話は、時間がないのでけっこうです」と断るのだ。

勧誘・詐欺の電話を最後まで聞いてしまった時の対処法

最後まで話を聞いてしまうと、これが一番厄介だ。私も潜入先で、だましの手の内をルポするためにすべての話を聞く必要がある。そのため、ひととおりの勧誘話を聞いてから断るわけだが、これがなかなかに難しい。というのも、それまで素直に話を聞いていたのに、急に「契約はしません」と断る姿勢に出るのだから。

「さっきまでは、あれほどうなずきながら話を聞いてくれていたではないですか！」

「話がよかったら契約をしてくれると、あなたは最初に言っていた。あれはウソなのか！」

契約しない私に対して、揚げ足をとって「ウソつき」呼ばわりしてくることもある。そうした中で、「契約しません」と言うのは、至難の業なのだ。私でさえそうなのだから、普段こうした勧誘に慣れていない人は断り文句がなくなり、契約書にハンコを押してしまう気持ちになるに違いない。そこで、断り方のコツとして、すぐに断るのではなく、「あまり関心がないです」「ちょっと難しいですね」とネガティブな言葉を口にしながら、最終的に断り文句を出すことを勧める。

話には流れがある。それなのに、いきなり「やりません」と言うから難しいのだ。まずネガティブな流れにもっていき、最後にしっかり断るようにする。

相手に「お話はどうでしたか？」と尋ねられたら、「あまり関心がありませんね」と言ってみる。すると、再び力を入れた説明を始めて同じ質問をしてくるだろうから、この時も「すみません。あまり興味はないです」とネガティブなパンチを、ヒットアンドアウェーの手法で出していくのだ。あるいは時計をチラチラ見ながら、相手の話に関心がなく、身が入らないような姿勢をみせる。こうした言葉や行動を見せておくと、勧誘する相手も契約は難しいのではないか、説得するのは無理かもしれないと考える。そこがミソだ。そこでこちらが詐欺師にとってのマイナスの行動をとると、彼らの思考力もマイナスになってくる。

時に「お断りします」とはっきり言うが、普段言い慣れていないため気持ちがともなわず、棒読み口調になってしまう人がいる。すると詐欺業者は心のともなっていない言葉に「まだ話を覆す可能性あり」とみて、さらなる勧誘を続けてくるだろう。

そこで、まずネガティブな表情のボディーブローから入ることを勧める。相手の話を聞きながら額にシワを寄せる。口を真一文字に結んで首をひねるなどだ。それから、断るのだ。もっと言えば、表情は心の思いから作られる。「心で嫌だな」と思えば、それが表情に出る。それが自然に口に出るものだ。すると、棒読みではない「いりません」という感情のこもった言葉が発せられるだろう。言葉だけが先行すると、心のこもらないものになってしまうので注意が必要だ。普段から断り方に慣れていない人は、心のイメージと表情のつくり方の練習をしておくのもいいかもしれない。

ただし、かなりの悪質業者の場合、いくら断ってもとうとうと話を続けることもある。

その時は非常識な人物だと判断して話を打ち切って、さっさと席を立って勧誘場所から去る。もし家に上がり込んでいて「帰ってください」と言っても居座るならば、「これ以上、家にとどまれば警察に電話をします」と言うのもよいだろう。不退去は罪になるので、「110番」をして助けを求めるのは、大事なことだ。それに「断ったのですから、帰ってください。それに二度と家に来ないでくださいね」と言うのもいい。訪問販売や電話での勧誘において、一度断った相手に再び勧誘をしてはいけないという「再勧誘の禁止」が定められているからである。「法律で決まっていますよね」とダメを押すのも効果的。これを話すメリットとして、業者に若干でも法的な知識をもっていると思わせることで、マイナス思考に陥らせることができる。

「こうしたことを言える人は、普段から被害情報を仕入れている人でだましづらい人だ。もしかすると、本当にすぐに警察を呼ぶかもしれないぞ。これ以上関わるのは危険だ。さっさと失礼しよう」

悪い連中は悪事に知恵を回すのも得意だが、まずい事態になるかもしれないという逆の知恵を回すのも得意なのだ。それをさせることで、電話勧誘や訪問をやめさせることもできる。

振り込め詐欺には「小さなウソ」の質問が身を守るもっとも有効な方法

現代詐欺は、組織でやって来る。それに対して、一人だけで身を守ることはきわめて難しい。とくに高齢者は次々に現れる新手の詐欺に対して、すべての事象に対処できるはずもない。そこで家族、近隣、地域、コミュニティが一丸となっての見守りが大事になってくる。そこで知っておいてほしいのは、だます側のミスを見逃さないことだ。

悪質な勧誘者がすべて弁の立つ人ばかりではないことはすでに述べたが、成功の道しるべとなるマニュアルという存在によって、彼らはいっぱしのだましに長けた人間になる。猛威を振るう振り込め詐欺は「電話をかける役」「金を引き出す役」「電話や名簿の調達役」など、個々の専門分野に分かれた巨大な組織からなっている。とくに、電話をかけるグループは国内だけでなく海外にも存在して、金を受け取るためのグループも全国津々浦々に存在している。それゆえに、こうした巨大組織を円滑に動かすためには、誰もが内容どおりにおこなえば金をだまし取れるというマニュアルの存在が欠かせない。マニュアルこそが、組織を動かす柱になっている。ただし、大掛かりな組織ゆえにヒューマンエラーが出てくる。

2018年2月に、40代の暴力団幹部ら男4人が警視庁に80代女性からキャッシュカードを詐取した疑いで逮捕された。そのきっかけになったのが、詐欺の名簿や、なりすましの手法でだます方法が書かれたマニュアルである。それをコピーする際に、コンビニにそれらの原本を置き忘れ、ここから足がついた。組織としての連携の隙間に彼らの〝ポカ〟が出てくる。

同年8月9日の昼に、市役所職員になりすまして高齢女性からキャッシュカードを詐取したとして、兵庫県警に20代前半の男性が逮捕された。この時、捜査員がおかしいと直感して職務質問したのが逮捕のきっかけなのだが、それは詐欺犯のいでたちであった。男は、猛暑の最中にマスクをかけてスーツ姿という暑苦しい恰好だった。確かに、マニュアルには市役所職員や警察になりすますためにスーツの着用が義務付けられており、後に防犯カメラなどから足がついて逮捕されないようにマスクを着用することが奨励されている。だが、この猛暑の中では、この恰好は逆に目につく。おそらくマニュアルには「夏の役所の服装はクールビズ」などという発想はなく、いつもどおりの内容を実行したのであろう。その結果、犯人は逮捕された。この他にも、受け子を見張る役の人たちが詐欺に関するおしゃべりをして、それを捜査員に聞かれて逮捕につながった事例もある。大きな組織ほど、ヒューマンエラーは出てくるものなのだ。

今や手口は巧妙になり、高齢者自身だけでは被害を防ぐことは難しい状況で、ATMでの高齢者の電話内容に聞き耳をたてるなど、周りの人たちの見守りと気づきという行動で、この詐欺組織のミスを見抜くことも大事である。

ただし、巨大な詐欺組織に対して、私たちは数の力ではとうてい立ち打ちできない。だが、彼らが詐欺の組織力といった力技で攻めてくるとすれば、私たちは接近戦、1対1の戦いを挑むという道がある。巨大なショッピングモールだけが一人勝ちするのではない。地域に密着したコンビニやアフターケアを万全にした個人商店だって、戦い方しだいでは十分に勝機はある。ゆえに、私たちも数で攻めてくる詐欺組織に対しては、だましを見抜くという一対一の接近戦で身を防ぐことが大事になる。

息子から電話がかかってきたが声が少し違うなと感じた時、みなさんはどのような行動に出るだろうか。

「本当に、お前なのか?」と尋ねるかもしれない。すると、相手は「そうだよ。カゼをひいたんだ。それで声が変かもしれない」などと、マニュアルに沿った形で不審がられた時の対応をしてくるだろう。こうしたありきたりな返しの質問ではダメなのである。マニュアルには存在しない、不意打ちの形で質問する。

もし、ひさしぶりにかかってきた息子からの電話であれば、「先週かけてきたけど、また、かけてきてどうしたの?」と尋ねる。その逆に、週に1度は電話をしてくる息子ならば、「ひさしぶりの電話だね。元気だった?」と尋ねてみる。それに対して「先週、電話しただろう」と言ってくれば、本物の息子である。それに対して、この質問をごまかすような答えをしてくれば、100%詐欺電話を疑ってよい。あえてウソの話題も混ぜて尋ねて、反応をみてみる。「本当に、お前なのか?」というまっすぐな質問ではない、ひねりを利かせたものにする。これは「小さなウソで身を守る」の応用である。私たちは、相手のマニュアルにはないディティールにこだわっただまされないための対応策を講じてこそ、迫りくる危険を察知することができるのだ。

被害を黙っていると、詐欺師たちは次々と牙をむいてくる

一番いけないのは、被害に遭ってしまったことを誰にも言わず、「いい勉強になった」と自分の心の中だけで処理してしまうことだ。被害者の多くは「だまされて恥ずかしい」という思いから、その事実を口にしないことが多い。こうなると、だまされないための十

分な対策が施せないために、二度三度と詐欺師に狙われてしまうことになる。

そこで、いかに周りの人たちが〝その人が被害に遭っているか〟に、接近戦（個別）で、気づいてあげられるかが問われている。以前ならば、実家に戻ると布団や健康食品が押入れにたくさんあり、高齢の親が訪問販売などで購入させられているのがわかったなど、モノがあるがゆえに被害に気がつきやすかった。しかし今は、レンタルオーナー商法（1章）でも述べたように、契約書の紙だけしか手元にないために、高齢者の被害が発覚しにくい。これが詐欺となると、契約書自体もないため、被害に気づく方法は高齢者の告白以外になく、見守る側がだましを見抜くのは容易ではなくなってしまう。

しかし、手がないわけではない。だまされる人は根が真面目な人が多いために、自らの行動にそれが出やすい。それゆえ、普段と違う兆候が見られたら〝おかしい〟と思い、探ってみるといい。たとえば、最近、親が趣味をやめて、あれだけ頻繁に行っていた老人会の集りに顔を出さなくなった。物を買う時に急に節約をするようになったなど、これまでと違う行動を見逃さない。これは、だましに遭ったサインかもしれないからだ。それに、金をだまし取られたために倹約して友達にも会わなくなるなど、家に引きこもりがちになると、在宅率が高まり、ますます詐欺の電話に遭うことにもなりかねない。

知人男性から、過去に詐欺被害に遭った一人暮らしの父親の元にあやしげな女性がたびたび訪れているという相談を受けた。どうやら、金を無心されているらしい。しかし、「お金をだまし取られているだろう！」と、いくら息子が問い詰めても親は頑として口にしない。「いや、オレはだまされていない！」。さんざん聞いたため、もはや父親との関係がこじれてしまった。しかし断片的な情報ながら、父親はその女性が親身になって話し相手になってくれることから、いい人だと思い込んでいるらしいことはわかった。そこで親への尋ね方として「だまされているのではないのか！」「ウソをつかれている！」という頭ごなしの口調ではなく、まず相手の気持ちに乗っかって聞くこと勧めた。

「その女性は、話し相手になってくれていい人なんだね。これまで苦労してきた人なんだ」と話したうえで「週に何回くらい、お父さんのことを心配して訪ねて来てくれるのかな？」と尋ねる。

「何度、その女は来ているのか！」はダメな言い方で、「その女性は、お父さんのことを心配してたびたび来てくれているんだね。先週も来てくれたの？」と尋ねるのがいい。どうしても、身内の親がだまされているかもしれないと思うと、家族は感情的な話し方になりがちなので注意が必要だ。

また「いくら、お金を渡したのか！」と攻撃的に聞いてしまいがちだが、それもダメだ。

「その人を心配して、お金を渡してあげたのね？　最近だと、いくらくらい貸してあげたの？」と攻めずに尋ねる。

息子自身は父親に「お金をだまし取られているだろう」という問い詰めた話し方をして、関係がこじれてしまっているようなので、相手の気持ちに乗って尋ねる口調で彼の姉に話をしてもらった。すると、どんな理由で女性にどれだけの金をあげていたのかが、かなり見えてきたという。やはり不幸な身の上話を聞かせられて、同情心を掻き立てられて金をだまし取られていることが詳細にわかってきた。

父親には認知症ぎみなところも見られたため、これからは成年後見人制度を利用する方法も視野に入れたほうがいいとアドバイスした。見守る側が、親の行動や質問や言い回しにちょっとした気遣いを入れることで、被害拡大を防ぐ道を見つけられるものなのだ。

「被害に遭ったら、相談しましょう」と言われるが、その前に、私たちが相談できる環境をいかにつくれるかも問われているのだ。

TRICKED!

おわりに

だまされないために、私たちはどうすればよいのか。

本書では、このテーマを中心に徹底的に深堀りして考えてみた。詐欺・悪質業者のしたたかな心理術には、正直、驚かれた方も多いに違いない。「押し売りによる訪問販売に気をつけろ！」と言われれば、「押し買い」の手口に反転させて私たちの目をあざむこうとし、「メールの架空請求に気をつけろ！」と叫ばれれば、やり口をSMSやハガキでの架空請求にずらしてくる。

また、詐欺と思しき電話を撃退したつもりが、それを逆手にとられてだまされてしまうこともある。詐欺師らは、いつも身を守る側の私たちの思惑をさまざまに覆そうとしてくる。これをサッカーでたとえれば、ディフェンスの隙をついて、そっと抜け出てきて詐欺のゴールを決めようとするものだ。ディフェンス力が強ければ強いほど、彼らはだましの知恵を巡らせて、私たちの隙間を見つけようとしてくる。

それゆえ、私たちは絶えず、今叫ばれている詐欺への常識や対策に落とし穴がないのかをチェックしていく必要がある。もちろん外向きの敵は詐欺や悪質業者だが、私たちの油断や思いこみといった、心の内の敵にも目を向けなければならない。そうしなければ、だましによる被害は防げない。

当たり前のことだが、だまされないためにはまず相手の不審な点を見抜かなければならない。これまでも「だまされないためには、どうするべきか？」の問いに対する答えとして「おかしい、あやしい、不審だと思ったら、すぐに話を打ちきって、誰かに相談してください」と言われてきた。だが、どの部分で「あやしい」「不審だ」と気づけばよいのだろうか。

それは勧誘者の表情なのか？　それとも相手のしぐさ、言葉なのか？　残念なことに「不審だ」と気づくための方法をはっきりと教えられないまま、私たちはただ「気をつけて」とだけ言われ続けてきた。これでは身の守りようもないではないか。結果として、詐欺などのだましによる被害を広げてしまうことになった。

本書では、「どう警戒すればよいのか」といった具体的なポイントを、詐欺師たちの使う話術や発想などを踏まえて書いてきた。詐欺や悪質商法は、その時々の被害だけを見る「点」だけではなく、「線」でとらえての対策の必要性を説いた。このことをもう少し突っ込んで言えば、今、悪質業者の勧誘を受けている時を「点」とすれば、その線上に待っているだろう被害への結末をいかに読み解けるか、それこそがだましに遭わないためのポイントになる。いわゆる先読みする力だ。そのために必要なのが自問自答することである。

今、勧誘電話を受けているとする。その時、自分自身がそれまでに知っただましの手口などからアナロジー（類推）して「この話を聞き続けていけば、その先には金をだまし取られる結果が待っているな」と考えられれば、容易に電話を切ることができる。つまり、相手の話を聞きながら「今、受けている勧誘話を過去に聞いたり、経験したことはないのか？」と自問することで、私たちの中に眠っている警戒、批判といった否定的な思いを引き出せるのだ。

だまされてしまう三つの心理状態

私が委員として参加させていただいた消費者庁の「若者の消費者被害の心理的要因からの分析に係る検討会」では、若者が不当な勧誘を受けた時にどんな心理状態に陥って契約をしてしまうのかについて、18歳から29歳までを対象にアンケート（1万人規模）ならびに、被害者へのヒアリング調査をおこなった。その結果、重要なことがわかった。

それは、「誤信」「混乱」「浅慮」という三つの心理状態に陥った時に、購入・契約にいたりやすいということである。

「誤信」とは、これから購入しようとする商品やサービスの価値を見誤り、勘違いしてしまうこと。たとえば、勧誘者から「今だけしか購入できないものです」「残りあとわずかですよ」と興味や関心をそそられて、とても価値のあるものだと思い込んだり、「このビジネス投資のやり方で儲かったんだ」という相手の成功体験を真に受けてしまう状況になると、契約してしまうことになる。

二つ目の「混乱」は、今の置かれた状況から逃れたい思いや、この先の心配される状況を回避するために、本来の自分の思いとは違う意思決定が必要となって、葛藤が生じる状態である。たとえば、最初はやさしかった勧誘者が急に「買えよ！」と荒っぽい口調で迫ってきて恐怖心を感じてしまい「このままでは帰れない」と思い、契約する。また、異性からの誘いを受け「この子はかわいいから付き合いたい」と恋愛感情を抱かせられて、「このままうまくいけば恋人になれるかもしれない」と思わされ、「もし今の勧誘話を拒否したら、これから先に得られそうな幸福を失うかも」という不安感から契約をする。

三つ目の「浅慮」。これは注意がそれてしまったり、思考の範囲を狭められたりして、思考力が低下する状況である。この状態に陥ると、商品への十分な検討ができないままに契約をしてしまう。こうした「誤信」「混乱」「浅慮」という心理になると、被害に遭う可能性がきわめて高まるのだ。

とりわけ注意すべきは、「浅慮」であろう。悪質業者は、誘い込んだ相手に契約を促すために、その場の状況や環境を巧みに操ってくるからだ。

催眠商法では「無料商品をあげるよ」と高齢者らを勧誘場所に誘い込み、会場では格安で商品を販売し、笑い話で場を盛り上げるなどして、「楽しい」「嬉しい」「ありがたい」という思いにさせながら「興奮状態」を作りだす。来場者を浅慮の状態にした上で「布団」や「健康食品」を紹介し、優良な会社のいい商品と誤信させながら、高額なものを販売する。

私も勧誘現場に行くと、悪質業者が自らに有利な勧誘の状況を作り出して、私の思考や判断力を狭めようとしてくることがよくわかる。潜入取材だと気をつけていても、異性の勧誘者が私に恋愛感情を持っているような素振りで迫ってきて、危うく契約へ心が傾きそうになったこともある。

浅慮の状態では、本人としては十分に考えたつもりでも契約内容の良し悪しを十分に判断できなくなり、客観性を欠いた判断をしてしまいがちなのだ。

警戒心を引き出そう

つまり勧誘者の不審さに気づくためには、内なる自分に目を向けてこの三つのどの心理状態に追い込まれているのかを知ることだ。

まず、誤信の状態に気づくためには、勧誘を受けている自分を見ながら「いい商品、サービスだと思わせられていないか?」「希少価値の高い(貴重・レアな)ものだと思っていないか?」「〝今だけ〟という特典の言葉に魅力を感じてないか?」を自問自答してみる。それにより、商品・サービスへの評価を見誤っていることに気づけるだろう。

また、勧誘者からの説明を受けて、自分自身が内容をよく理解できたと思い込まされていることもよくある。この時も「契約書や説明書をしっかりと読んだか?」「事実確認もせずに購入・契約しようとしていないか?」と自らに問いかければ、誤信の状態を抜け出せる一歩となる。

眼光鋭く「早く、決断しろよ!!」となど、威圧された強引な勧誘言葉を受けて「断りきれない」「こわくて帰れない」と考えると、「いっそのこと契約して、早くこの場を出たい」と短絡的な発想になりがちだ。相手は私たちを恐怖による「混乱」の状態にして、契約を促そうとしてくる。

この状態に気がつくためには「相手の言い方に、ちょっと強引なところがないのか?」「相手の言動に対して、少しこわいと思っていないか?」と自問して、混乱の状態になっていないかをセルフチェックしてみる。

勧誘者に好意を抱いていたり、日ごろからお世話になっている尊敬する人だと、相手の話す内容自体を疑わなくなり、しっかり考えずに契約してしまいがちである。その時には、「相手を信頼しすぎていないか?」「相手との関係を壊したくないと思っていないか?」「相手が、あまりに親切ではないか?」と考えてみる。それにより、勧誘者に過度に高い評価をして信用しきっている自分が見えてくるはずだ。

場の拘束感を強く感じていると、「疲れたので早く帰りたい」「ここまで話を聞いてしまったので引くに引けない」と思い、契約してしまうものだ。長時間の拘束を受けて、思考力が低下、注意をそらされたりして、しっかり考えることができない自分に気づくには「少し相手の長話に疲れてきていないか?」「断りづらい状況だと思っていないか?」と振り返って、「浅慮」の状態に陥っていないかを考える。このようにして、自分の中にある警戒心を引き出させれば、不本意な購入や契約にいたりにくくなる。

これまで「不審な勧誘に気づけ」と言われても、どう気づけばいいのかがわからなかったが、自分の陥っている状況を見つめれば、勧誘の「あやしさ」「不審さ」が自然と見えてくる。

だまされないために大切なのは、詐欺・悪質商法における心理術を知り、そのうえで自らの置かれた状況を客観的に振り返り「この先、どうなるかを考える力」を持つことだ。それによりはじめて、彼らの言動に対して私たちの心にある危険察知のセンサーが働く。どうしてもだまされまいと思うと、相手の動きばかりを見てしまいがちになるが、「彼を知り己を知れば、百戦殆《あやう》からず」という諺もあるように、内なる自らの心の状況を見ることによって戦いを挑んできた敵の罠を見抜き、撃退できる道が大きくひらけてくるのだ。

本書は、講演・講座、メディアへの出演などで、これまで話してきた内容をまとめたものである。今もなお、新手の詐欺被害が起きている。先日も、テレビにて暗証番号を聞き出す手口の解説をさせていただいた。今、自宅を訪れてキャッシュカードをだまし取る手口が横行しているが、カードを詐取されても暗唱番号さえ知られなければ、金を勝手に引き出されることはない。その点、詐欺師たちは巧妙に聞き出そうとする。警察や銀行職員になりすまして電話などで番号を言わせる以外にも、4桁の暗唱番号を電話番号のボタンで押させて、読み取ろうとする手口も出てきている。「詐欺の手口は知っているよ」と、右の耳から左の耳に聞き流すのではなく、常に注意のアンテナを立てていないと、次々に現れるだましの手法に対処できなくなる。これからも、最新手口とともに彼らのだましの心理術を解き明かして、実態に合った形での詐欺へのガードテクニックをお伝えしていきたい。

2019年 2月

多田文明

【参考資料】

「地下経済の最新手口に学ぶ　ワルの経済教室」（彩図社）
「悪に学ぶ黒過ぎる交渉術」（プレジデント社）
「キャッチセールス潜入ルポ～ついていったら、こうなった」（彩図社）
「悪徳商法わざと引っかかってみました」（彩図社）
「迷惑メール返事をしたら、こうなった」（イースト・プレス）
「サギ師が使う　人の心を操る　ものの言い方」（イースト・プレス）
「悪徳商法ハメさせ記」（CLAP）
「詐欺師の『罠』の見抜き方」（CLAP）
東京都消費生活総合センターHP
独立行政法人国民生活センターHP
「狙われる子供たち（上・中・下）」（夕刊フジ）
「消費と生活」（消費と生活社）
「若者の消費者被害の心理的要因からの分析に係る検討会」の報告書（消費者庁　消費者行政新未来創造オフィス）

著者紹介

多田文明

ただ・ふみあき

ジャーナリスト(評論家)・ルポライター

65年北海道旭川生まれ。88年日本大学法学部政治経済学科卒。2001年、雑誌『ダカーポ』(マガジンハウス)にて、「悪質商法に誘われたらついていく」連載を担当。これまでに街頭のキャッチセールスなどの勧誘先へ潜入した数は100か所以上にのぼり、あらゆる詐欺・悪質商法に精通。数々のだましの現場を取材・経験したことからマインドコントロールなどの手法にもくわしい。また、詐欺・悪質業者の勧誘実態や、だまされないための対策についての講演、講座、消費者庁「若者の消費者被害の心理的要因からの分析に係る検討会」の委員(2017年9月〜2018年8月)も務めた。おもな著書に『キャッチセールス潜入ルポ〜ついていったらこうなった』(彩図社)、『絶対ダマされない人ほどダマされる』(講談社+α新書)、「ワルに学ぶ 黒すぎる交渉術」(プレジデント社)ほか。

だまされた!

「だましのプロ」の心理戦術を見抜く本

2019年3月13日　第1版第1刷発行

著　者　多《た》田《だ》文明《ふみあき》

発行人　宮下研一

発行所　株式会社方丈社
〒101-0051
東京都千代田区神田神保町1-32 星野ビル2階
tel.03-3518-2272 ／ fax.03-3518-2273
ホームページ http://hojosha.co.jp

印刷所　中央精版印刷株式会社

 ISBN978-4-908925-45-0

TRICKED!